現場に出た経済学者たち

藤巻秀樹
Fujimaki Hideki

中央大学出版部

はしがき

日本経済が長期低迷に喘いでいる。

二〇〇二年四月下旬にスイスのＩＭＤ（経営開発国際研究所）が発表した国際競争力ランキングで、日本はついに三十位となった。前年の二六位からさらに順位を下げ、マレーシア、韓国に初めて抜かれてしまったのである。

その一カ月後にはさらにショッキングな発表があった。五月下旬、米国の格付け会社ムーディーズ・インベスターズ・サービスが、日本政府が発行する円建て国債の格付けを「Ａａ３」から「Ａ２」に二段階下げたのである。主要七カ国では最低で、イタリアより三段階低いランク。一段階上にはチリ、チェコ、ハンガリー、ボツワナといった国が並んでおり、日本の国債はこれらの国より信用力が低いと見なされた。

約十年前にＩＭＤのランキングで日本は堂々の一位。ムーディーズの格付けも四年前までは最高級の「Ａａａ」だった。ムーディーズの格付けについては、さすがに日本国内から「あまりに不当な評価だ」と異論の声が上がっているが、その当否はともかく、日本経済の競争力がここ十年あまりの間に急速に衰えていることは認めざるを得ない。

官僚主導、護送船団、終身雇用、年功序列など戦後の高度成長を支えた日本型システムが新しい時代に対応できず、機能不全に陥っている。日本経済を低迷させた責任は、政府や金融機関、企業などのプレーヤーにあるのはもちろんだが、同時に的確な処方箋を示せなかった日本の経済学者も責めを負うべきだろう。

こうした中、経済を担う現場の第一線に出ることがなかった経済学者が相次ぎ、行政や中央銀行などの政策決定や企業経営の現場に進出し始めた。なぜ今、彼らが登場してきたのか。スタンドからグラウンドのプレーを観戦し、分析・評論していた人たちが実際に良きプレーヤーになることができるのか。そんな素朴な疑問から、「現場に出た経済学者」への取材は始まった。

本書は、長期低迷に陥った日本経済の再生のため、責任あるポストに就いた経済学者たちを描いた人間ドキュメントである。彼らはなぜ、経済の現場に駆り出されたのか。そして、何をしようとしたのか。また何をし、何ができなかったのか。できなかったのはなぜなのか。そもそも彼らはどんな人間なのか――。本書を執筆したのは、こうした問いに答えを見つけるためである。

第一章、第二章では、二〇〇一年一月に発足した経済財政諮問会議が舞台である。日本再生へ構造改革を唱える小泉純一郎首相の下で、政策の立案・調整に取り組む竹中平蔵経済財政担当相、経済財政諮問会議の二人の学者議員、学界から内閣府の行政官に登用された三人の経済学者を追いかけた。

第三章は日本銀行を舞台に、大学教授から転身した日銀政策委員会の二人の審議委員を取り上げた。第四章は財務省の副財務官を務めた二人の国際派学者が主人公。第五章では地方自治体、第六章では企業経営をテーマにそれぞれの現場で奮闘する学者たちの行動を描いた。第七章は日本再生のカギと言われるベンチャー育成に取り組む二人の大学教授の物語である。

続いて第八章では、経済学者が政策現場に進出する時代背景に迫るとともに、私見ながら現場に出た経済学者の成果について論評させてもらった。ただ、この点について判断を下すのはまだ早いかもしれない。本格的な評価のためには、もう少し時間の推移を見守る必要があると思う。

日本の経済学者についてはその名前や考え方、意見については知られていても、その人となりに関してはほとんど知られていなかったのが現状ではないだろうか。

また全体を通じて、経済学者の行動を追いながら、デフレ、金融システム不安、国と地方の財政危機、官僚システムの制度疲労、産業の競争力低下、日本的経営の行き詰まりなど、日本経済が今どんな問題を抱えているのかを分かりやすく伝える努力をしたつもりである。本書が日本の経済と経済学者に対し理解を深める一助になれば幸いである。

現場に出た経済学者たち

目次

はしがき　3

第1章　構造改革の司令塔　15

竹中平蔵
政策決定の変革に挑む

キャンパスから戦場へ　16／供給側から改革　18／波紋広げた「竹中ペーパー」　20／リナックス方式を採用　22／高まる党・官僚の反発　23／「国民との対話」仕掛ける　25／「市場」とも対話へ　27／遅れた「改革工程表」　28／不良債権で激論　29／強まる財務省色　31／政策研究に興味　32／飛躍目指し本を執筆　33／慶応で大学教授に　35／難しい「政治との対話」　36

本間正明
行政との緊張関係保つ

諮問会議が司令塔に　38／「社会保障個人勘定」を提案　40／新公共政策唱える　42／諮問会議主導で　43／土壇場で軽視　44／「活力」重視の税制を　46／諮問会議VS財務省　48／増税色強まる　50／税制改革の論客　52／NPOに託す期待　54

需要創造こそ再生の道
吉川　洋
三五年の付き合い　56／ケインズの信奉者　58／制度改革に官の役割　59／循環型社会へ需要創造　61／デフレ防止へ動く　64／純粋な学者タイプ　66

第2章　構造改革の知恵袋　69

景気判断分かりやすく
岩田一政
諮問会議支える学者官僚　70／改革の説明に奔走　72／論点明確に　73／情報漏えいの騒動　75／様変わりの古巣　76／日本版予算教書目指す　78

「学者の論理」で風穴開く
大村敬一
改革の「痛み」を試算　80／ホームページで情報収集　82／金融庁に抗議の意示す　83／修正された報告書　84／「世間の常識」武器に　86

縦割りの壁に挑む
塩沢修平
期待から失望へ　88／幻の総合調整機能　89／各省庁がチェック　90／個人よりシステムに問題　92

第3章　苦悩する金融政策の現場　93

植田和男
「現実」との闘争
日銀法改正で登板　94／市場の怖さ実感　95／ゼロ金利解除に反対　97／踏み出した量的緩和　99／結果責任負う立場　101／最大の難敵　104

篠塚英子
家計の感覚からの出発
ゼロからの勉強　106／ゼロ金利に反対貫く　108／デフレ阻止へメッセージ　110／「政治の影」に疑問　111

第4章　国際金融外交の最前線　113

伊藤隆敏
人脈生かし日本を発信
重要な説得の技術　114／国益とは何か　116／通貨スワップ協定へ尽力　117／日仏で通貨バスケット制提案　120／インフレ目標を提唱　122／東京大学へ転身　124

河合正弘
財務省のチーフエコノミスト
世銀で働いた国際派　125／「円安」めぐり欧米と議論　126／中国問題で研究会　128／途上国の実情探る　129

第5章　地域から変える　131

分権時代の税制を問う
神野直彦

都税調構想が浮上　132／外形標準課税を支持　133／地方から国へ　136／四つの法定外税を提案　137／税制立案に透明性　139／財政は社会の鏡　141

大阪再生に取り組む
小西砂千夫

反省を明確に　144／再建団体転落の危機　145／役所との距離に悩む　147／予算編成の改革提言　148／三重モデルを大阪に　150

第6章　企業経営の現場で　153

「個の論理」で生きる
中谷　巌

緊張した取締役会　154／「社内の論理」を排除　155／携帯電話提携で助言　157／ソニーも構造改革　158／兼業問題で大学辞職　158／経営に知識を総動員　160／日米の違い実感　162／経済戦略会議に参加　163／ＣＥＯを養成164／自己発見促す　167／日本むしばむ「組織の論理」168

ブランド価値を求めて　**伊藤邦雄**
――経営諮問委で助言 169／受け入れられた提言 171／カギ握る企業ブランド 173／知的財産戦略を提唱 175／重要性増す無形資産 176／ビジネスに皮膚感覚 178

第7章　起業家を育てる ―― 181

草創期ベンチャーを支援　**吉田和男**
――構想を自ら実現 182／産官学で研究会設立 184／ベンチャーに投資 185／陽明学の研究家 187／京都知事候補に浮上 189／自民の反発で断念 190

イノベーションの芽探る　**吉川智教**
――突然の社長就任要請 192／ベンチャーの内実に関心 193／市場の拡大を優先 194／ベンチャー研究に賭ける 196

第8章　経済学者が求められる時代　201

経済学者登場の背景
行き詰まる官僚支配　202／進む経済グローバル化　203／先行する欧米　204／戦後の混乱期の経済学者たち　206／転換期こそ学者の知恵　208

新しい経済学者像
「失われた十年」分析　210／大学の閉そく感破る　211／台頭する政策新人類　213

問われる政策構想力
首相の指導力に陰り　215／役に立つ？経済学　217／大学に必要な活性化　219

あとがき　222

第1章

構造改革の司令塔

政策決定の変革に挑む

竹中平蔵

TAKENAKA HEIZO

キャンパスから戦場へ

「小泉さんに『一緒に戦場で戦ってくれ』と言われた。日本の知識人としての真価が問われると思って引き受けた」――。二〇〇一年四月二六日。構造改革を掲げる小泉内閣の経済財政担当相に就任した竹中平蔵は最初の記者会見でこう語り、改革推進への強い意欲を表明した。慶応義塾大学の総合政策学部教授だった竹中の入閣は、民間の経済学者の登用という点で新しい時代を切り開くものだった。

二〇〇一年一月の中央省庁再編で生まれた内閣府。ここには民間から経済学者がすでに登用されていた。首相主導で経済財政政策を運営する機関として発足した経済財政諮問会議にも、二人の経済学者が議員として加わっていた。経済学者の政策現場への進出が進む中、ついに経済学者の閣僚が誕生したのである。

経済財政担当相は経済財政諮問会議の担当大臣であり、旧経済企画庁を統合した内閣府には諮問会議の事務局が置かれていた。新首相に就任した小泉純一郎は構造改革の実行に強い決意を示していた。経済学者が政権中枢でその専門能力を発揮できる環境が整う中で、竹中は閣僚になった。「大学教授として快適な生活を送っていた。私は小泉さんに頼まれたからやっているだけで、やるべき仕事を終えれば、一刻も早く大学に帰りたい」と言う竹中だが、その軌跡を見れば、竹中の入閣は自然の流れのようにも見える。

竹中は日本開発銀行（現日本政策投資銀行）に入行した後、大蔵省財政金融研究所（現財務省財務総合政策研究所）、米国留学、大阪大学経済学部、慶応大学総合政策学部と職場が変わったが、一貫して取り組んできたのは政策研究である。慶応大学教授時代には政策提言に力を入れており、小渕内閣で経済戦略会議、森内閣ではIT戦略会議にメンバーとして参加、政権内で政策立案の仕事に関わっていた。かねて規制緩和、財政構造改革などを唱えており、構造改革を掲げる小泉内閣こそ竹中が待ち望んでいた政権である。竹中は慶応大学総合政策学部長を務めた加藤寛を通じ小泉の慶応人脈にもつながっており、首相になる前の小泉に経済政策をレクチャーする勉強会にも参加している。竹中はいつ登板の指示が出てもいいようにブルペンでしっかり投げ込みをしていた。満を持しての入閣と言えるかもしれない。

小泉は慶応大学の学生だったころ、加藤の授業を聴講していた。加藤にとって小泉は教え子に当たる。加藤は小泉の経済指南役でもあるが、組閣で相談を求められた加藤は迷わず竹中を経済財政担当相に推薦した。竹中を慶応大学にスカウトしたのは加藤で、以来、加藤は竹中の後ろ盾だった。慶応人脈が竹中の入閣にプラスに作用したのは間違いないが、最後の決め手になったのは、にこやかな表情で分かりやすく経済を語る竹中のキャラクターだったと言われている。「痛み」を伴う構造改革を国民に受け入れてもらうには、竹中のソフトで平易な語り口がうってつけと思われたのである。

供給側から改革

経済財政担当相に就任した竹中の最初の仕事は、ワシントンを訪問、米政府の経済政策担当者から小泉政権が目指す構造改革について理解を取り付けることと、首相の所信表明演説の経済政策に関する部分の草案を作ることだった。訪米した竹中は五月三日、米大統領経済諮問委員会（CEA）委員長のグレン・ハバードと会談、四日には米通商代表部（USTR）代表のロバート・ゼーリック、米大統領補佐官のローレンス・リンゼーと会った。一連の会談で竹中は日本が財政出動による需要刺激型の経済政策を転換し、国債の新規発行を三十兆円に抑えるほか、不良債権の最終処理や規制緩和などの構造改革を進める方針であることを伝えた。米国側は日本の方針に支持を示すとともに、日本の不良債権問題に強い関心を示したという。

「構造改革なくして景気回復なし」「従来の需要追加型の政策から不良債権処理や資本市場の構造改革を重視する政策へと舵取りを行う」「民間にできることは民間に委ね、地方にできるこ

再編後の中央省庁概要図

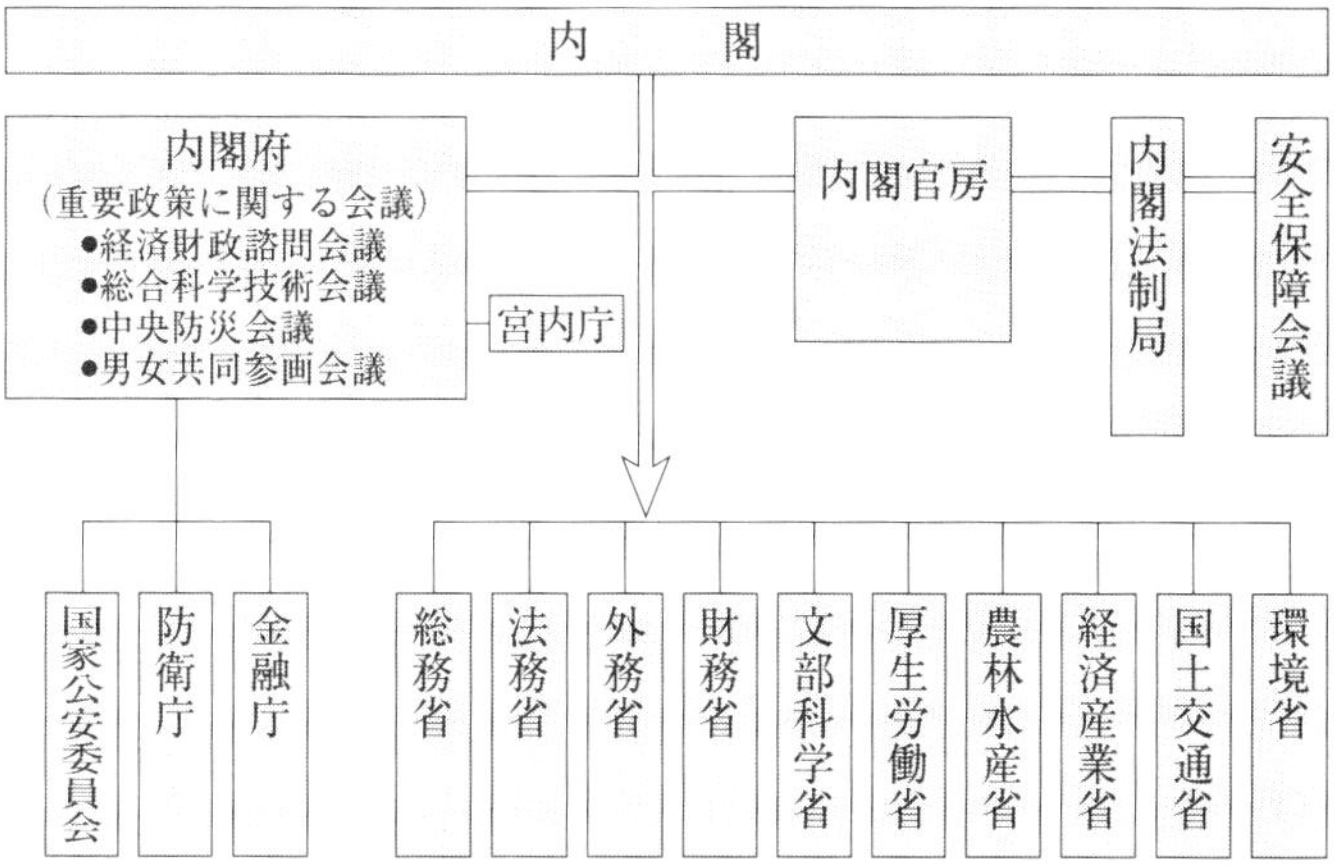

とは地方に委ねる」――。五月七日に行われた小泉の所信表明演説では、竹中が描く構造改革の方針が前面に打ち出された。これは六月二六日に閣議決定される「今後の経済財政運営及び経済社会の構造改革に関する基本方針」（骨太の方針）へと肉付けされていくことになる。

竹中が目指す構造改革とは、サプライサイド（供給側）を強くすることで日本経済の潜在成長率を高める改革である。これまでの日本は構造改革を先送りし、景気浮揚のために短期的に需要をつける政策を採ってきた。その結果が膨大に膨らんだ政府の財政赤字である。持続的な経済発展のためには、競争政策や規制緩和などのサプライサイド政策が欠かせないというのが竹中の持論である。

米国に留学していたせいか、竹中の話には横文字の用語が頻雑に登場する。竹中が好んで使う用語に、リ・アクティブ（後ろ向き）な改革とプロ・アクティブ（前向き）な改革というのがある。前者は不良債権処理を指し、後者は民営化・規制改革、起業家支援、競争政策、地方の自立・活性化、財政改革などを指している。経済財政担当相に就任した竹中は、この二つの改革を大きな目標に掲げたのである。

波紋広げた「竹中ペーパー」

二〇〇一年六月三日夜、東京・吾妻橋のアサヒビール本社内にあるイタリア料理のレストランに、オペラ観劇を終えたばかりの小泉が姿を現した。アサヒビール名誉会長の樋口広太郎がセットした「小泉首相を囲む会」である。

会場には多摩大学教授（現学長）で三和総合研究所（現ＵＦＪ総合研究所）理事長の中谷巌、東京大学経済学部教授の伊藤元重らとともに、竹中の顔もあった。三人は小渕内閣時代の首相の諮問機関である経済戦略会議のメンバーで、議長を務めたのが樋口だった。話はおのずと小泉改革の行方になったが、中谷と話し込んだ竹中は上気した表情できっぱりと言った。

「大臣というのはその気になれば、かなりのことができる。政策を変えることができるのです」

その約一週間前の五月下旬、竹中はある決意を胸に首相官邸に小泉を訪ねた。「これで行きたいのですが」。竹中が小泉に渡したのは自ら書いた一枚のメモ。そこには骨太の方針の骨格をなす「七つの改革プログラム」が列挙され、その具体案として、羽田・成田空港の民営化、道路公団・住宅金融公庫の民営化、国税庁と社会保険庁の統合などのメニューが書かれていた。

他の閣僚や自民党への根回しを省いた竹中の手法は霞が関や永田町に大きな波紋を広げた。この「竹中ペーパー」の存在を知った財務相の塩川正十郎は「自分でメモを書いたら、事務方に下ろしてくれんか。わしが恐れとるのは、閣内の不統一がパアーッと明るみに出て大騒ぎになるこっちゃ」と竹中に苦言を呈した。

竹中はこの時を振り返って言う。「経済財政諮問会議を引き継いだ時、ここで構造改革の青写真を議論するという仕組みにはなっていなかった。その仕組みを作り、軌道に乗せるために緒戦が重要だった。自分でメモを書いて首相に渡し、トップダウンで方向性を決めた。経済財政諮問会議がまとめる骨太の方針で構造改革の青写真を示す。その骨格を七つの改革プログラムにすることが固まった。大胆な行動だったかもしれないが、あれで流れができた」

波紋を巻き起こした成田・羽田空港の民営化など具体的なメニューは骨太の方針には記載されなかったが、諮問会議主導で構造改革を議論する流れはできた。その後、骨太の方針の文言をめぐって諮問会議の民間議員と官僚機構の激しい戦いが繰り広げられたが、竹中の行動力が従来の官僚主導にくさびを打ち込み、首相主導の政策決定プロセスへ道を開いたことは確かだろう。

首相主導の政策決定プロセス――。どういう構造改革をするか、その中身以上に竹中が心を砕いたのは、政策決定プロセス自体の改革である。というのも、経済戦略会議などに参加し、小渕、森と歴代の政権に関わってきた竹中にすれば、改革のメニューはすでに出尽くしたとの思いがあった。要は実行するかしないかである。

後に経済戦略会議の盟友だった中谷巌の多摩大学長就任パーティーに出席した竹中は、中谷への祝辞でこう語っている。

「私は中谷先生と一緒に経済戦略会議で政策提言をまとめましたが、経済財政諮問会議の骨太の方針は、実はこれと内容はほとんど同じです。だから私は（戦略会議で議長代行を務め、提言とりまとめの中心になった）中谷先生の代理人として小泉内閣に入閣しているようなものです」――。中谷を先輩として立てるスピーチは、気配り上手な竹中の一面がよく表れているが、ある面で竹中の本音が表れたものとも言える。

竹中にすれば、せっかく構造改革の青写真を作っても実行されないなら意味がない。戦略会議での経験を二度繰り返す愚は犯したくない。「経済戦略会議の時は、首相のアドバイザーに過ぎなかったが、今は大臣。状況は随分違う」と本人が言う通り、今度こその思いが竹中には強かったのである。

リナックス方式を採用

経済財政担当相に就任した当時、竹中には追い風が吹いていた。一つは、改革を断行する決意を見せた小泉のリーダーシップ。また、その小泉を支える国民の支持。政権発足当時、小泉内閣への支持率は八十―九十％に達していた。もう一つは、省庁再編により首相主導の政策決定を可能にする仕組みとして経済財政諮問会議が発足していたことである。

竹中は担当閣僚として、この諮問会議をフルに活用して政策決定のプロセスを変革しようとした。その一つが「オープンソース・ムーブメント」と呼ばれる手法である。これは独り勝ちだったマイクロソフトのOS「ウィンドウズ」に対抗してシェアを広げた「リナックス」が採用したやり方で、開発段階から情報を公開、世界中の技術者から協力を仰ぐ。多くの人から知恵を広く求め、開発に役立てていく手法だ。

諮問会議では、骨太の方針の原案や閣僚・民間議員が提出した資料や、会議での議論の内容が内閣府のホームページを通じてすべて公開される。会議で誰がどのテーマに反対したかなども明らかになるため、構造改革に抵抗する勢力が誰なのかが一目瞭然となる。竹中には政策決定の過程を国民に開示し、それをきっかけに様々な人々を議論に参加させ、社会的な合意形成を図るとの狙いとともに、構造改革への抵抗勢力をあぶり出し、世論を味方につけたいとの思惑もあったと見られる。

高まる党・官僚の反発

だが、このやり方は舞台裏での根回しが中心だった霞が関や永田町の政策決定プロセスと真っ向から対立するものだった。首相主導の意思決定を目指す諮問会議に対し、自民党や官僚の反発は高まった。

「党と緊密に連携をとった方がいい」――。六月四日夜、自民党政調会長の麻生太郎は経済産業相の平沼赳夫とともに都内で竹中と会食した。麻生は骨太の方針のとりまとめについて、諮問会議が自民党ともっと相談しながら作業を進めるべきだと竹中に注文をつけた。五日には自民党政調会の正副会長・部会長の合同会議に竹中が呼ばれた。竹中の説明に対し、党の頭越しで骨太の方針策定の議論が進められていることへの不満が続出した。

経済財政諮問会議は小泉が議長で、官房長官の福田康夫のほか、竹中、財務相の塩川正十郎、経済産業相の平沼赳夫、総務相の片山虎之助、日銀総裁の速水優、それに四人の民間議員が必ず参加する。民間議員は経済界からトヨタ自動車会長の奥田碩、ウシオ電機会長の牛尾治朗の二人、学界から大阪大学大学院経済学研究科教授の本間正明、東京大学大学院経済学研究科教授の吉川洋の二人がメンバーとして加わっている。骨太の方針は竹中と四人の民間議員が中心になって原案を執筆していた。

その内容は、構造改革を掲げる小泉の方針の下で「官から民へ、国から地方へ」を合言葉に「小さな政府」への方向転換が示され、竹中が提案した七つの改革プログラムが骨格になっていた。不良債権の最終処理、民営化・規制改革、財政構造改革、公共事業の見直し、社会保障制度の改革、地方の自立などが主な課題になっており、既得権益を持つ族議員や官僚から見れば、受け入れがたい内容も多かった。

「都市と地方の対立を激化させている」「農業政策の影が薄い」――。自民党や各省庁の官僚は、政策決定プロセスの変化とともに、その内容についても強い不満を抱いた。諮問会議の事務局を務める内閣府には連日、他省庁の官僚が押し掛け、骨太の方針の内容に対して注文をつけ、

「骨太の方針」の骨子

○不良債権を２－３年で最終処理する
○７つの改革プログラムを実行する
・民営化・規制改革―――特殊法人等を民営化、郵政事業の民営化検討
・チャレンジャー支援――株式投資や起業の優遇税制検討、公正取引委員会の体制強化
・保険機能強化――社会保障個人会計の構築検討、医療サービス効率化の推進
・知的資産倍増――IT、環境など４分野に重点、競争原理導入で大学を世界最高水準に
・生活維新――雇用の性差別撤廃、保育所待機児童ゼロ、バリアフリー化の推進
・地方自立・活性化――市町村の再編促進、地方交付税制度の見直しと地方税充実
・財政改革――公共事業の特定財源見直し、公共事業関係の長期計画見直し
○2002年度の国債発行を30兆円以下に抑制、その後プライマリーバランスの黒字化へ
○５年以内に世界最先端のIT国家へ
○連結納税制度の検討など税制改革の推進
○公共投資の対GDP比率を引き下げ、民間投資や消費を引き出す投資に集中
○株式会社による病院経営を認めるなど医療分野の規制緩和推進
○医療費総額を伸び率目標で抑制
○個性を重視した地域発展への方針転換
○中期的な経済財政計画の策定と予算編成プロセスの刷新

修正の要求を繰り返した。

「国民との対話」仕掛ける

国会議員ではない学者大臣の竹中には、当然のことながら政治力がない。竹中が頼みにするのは小泉のリーダーシップであり、それを支える基盤が小泉に対する国民の支持だ。竹中はその基盤を強化するため「国民との対話」の仕掛け作りに力を入れた。その一つが、閣僚が出席して構造改革について国民と直接対話をするタウンミーティングである。タウンミーティングは全国各地で開かれ、竹中も積極的に参加した。

もう一つが、小泉や閣僚の考え方や意見を、パソコンを通じて国民にメールで流す「小泉内閣メールマガジン」である。竹中は直接の対話だけでなく、情報技術（ＩＴ）を駆使し

て小泉政権の構造改革を国民向けにＰＲすることに努めたのである。これは竹中が発案して実施されたものだが、最初にアイデアを出したのは竹中の慶応大学での教え子だという。

民間議員の牛尾治朗は竹中について「ヒアリング能力が抜群。いろいろな人の意見の中から良いと思われるものを吸い上げていくのが上手。学者というより経営者的なところがある。経営者は様々な人の意見に耳を傾け、異質な人間もうまく使いこなす能力が必要。経営者的なひらめき、決断力のある人で、思索・熟慮の人というより行動の人」と語る。同じような指摘は、竹中が大蔵省財政金融研究所にいた時の先輩である京都大学教授の吉田和男も口にする。「学者は一般に人の意見に耳を傾けないものだが、彼は人の話をよく聞く」。学生のアイデアまでも取り入れてしまうところが竹中の持ち味と言えるだろう。

竹中は積極的にテレビにも出演、分かりやすく構造改革の方針や経済の現状を語った。小泉政権の経済政策に関する広告塔の役割を進んで引き受けたのである。骨太の方針が最終的にまとまった六月二一日には各局をはしごしてテレビに姿を現し、視聴者にその意義を語った。四月下旬の入閣から八月末までは週三回のペースで出演している。これは近年の経済企画庁長官（現在の経済財政担当相に相当）では最もテレビでの露出度の高かった堺屋太一をはるかに上回るハイペースである。

「市場」とも対話へ

閣僚に就任した時、竹中は小泉から「日本の学者、専門家のとりまとめ役になるつもりで頑張ってくれ」と言われた。その言葉を意識してか、竹中は「私一人の意見だけでなく幅広い意見を吸収していくことが重要だと思う。日本、世界の知的リソースを総動員していきたい」と言う。その考えのもとで発足したのが、「経済動向分析・検討チーム」である。

このチームは民間のエコノミストや市場関係者約八十人を集めて作られた。景気の現状、金融市場の動向を報告してもらうとともに民間の声を吸い上げ、政策立案の参考にしようというもので、ここにも聞き上手の竹中らしいアイデアが生かされている。竹中はこのチームの狙いについて「政府の中にいると分からないこともある。民間の意見を聞き、市場と政府の間で建設的な緊張関係を作っていきたい」と語った。「国民との対話」に続いて竹中は「市場との対話」に乗り出したのである。

「オープンソース・ムーブメント」の実験を試みた骨太の方針のとりまとめは各省庁、与党との調整を経て作業が終了、六月二一日の諮問会議で小泉に答申され、二六日に閣議決定された。小渕政権の経済戦略会議の提言は首相への答申で終わっており、閣議決定はされていない。この点で骨太の方針は大きな重みを持っている。

「聖域なき構造改革」を目指した骨太の方針は、①不良債権を二―三年で最終処理する、②特殊法人や郵政三事業の民営化を検討するなど民営化・規制改革を推進する、③二〇〇二年度予算で国債発行を三十兆円に抑えるとともに、プライマリーバランスを黒字に転換するための財政改革を目指す、④道路など特定財源を見直し、公共事業の対国内総生産（GDP）比を主要国並みに引き下げる、⑤地方への国の関与を減らし、税源移譲を含め国、地方の税源配分を見直す――などを骨子にしている。官僚、族議員の抵抗で細部では当初案からかなりの修正が加えられたが、大筋で改革の基本方針が堅持された内容だった。

遅れた「改革工程表」

「だいたい思惑通りに行きました。まずまずです」。竹中は骨太の方針の成果について慶応大学時代の竹中の後見役である加藤寛にこう述べている。だが、小泉の構造改革路線が霞が関や永田町で完全に支持されているわけではなかった。七月に参議院選挙を控えていたこともあって、自民党の抵抗勢力も人気絶頂の小泉に真っ向から反対の姿勢はとれなかった。他省庁の官僚も改革について総論賛成の姿勢を見せながらも、各論については是々非々との立場だった。二〇〇二年度の予算はこの骨太の方針に基づいて編成されることになっており、改革の具体的な実行はこれからだった。竹中は骨太の方針が答申された諮問会議後の記者会見で「骨太の方針は小泉内閣の改革宣言。これを実行できるかどうかが重要」との考えを述べているが、まさにこの後が竹中の正念場だったのである。

竹中はよく「アンブレラ」と「イニシアティブ」という言葉を使い、構造改革を進める諮問会議と各閣僚との関係を説明する。竹中によれば、諮問会議が決める改革の方針は「アンブレラ」である。これに対し、改革の具体的な制度設計はそれぞれの担当閣僚に委ねられており、改革の実行を可能にするのは閣僚の「イニシアティブ」である。改革が具体化段階に入るにつれ、「イニシアティブ」を持たない竹中や諮問会議の民間議員の改革推進力は失速することになった。

「何をちんたらちんたらやっとるんだ。もう論文の時代ではないでえ」――。八月下旬、財務相の塩川が強い苛立ちを口にした。七月下旬の参院選を勝利した小泉は構造改革の具体的なスケジュールを示す「改革工程表」の作成を指示、諮問会議が作業に取り組んでいたが、当初の予定を大幅にオーバーし、九月にずれ込もうとしていた。日経平均が一万一、〇〇〇円台を割り込むなど株価も下落する中、日本経済への危機感は高まっており、塩川は「スピード感がない」と諮問会議の対応を批判したのである。結局、工程表ができたのは九月下旬で、予定より一カ月も遅れた。竹中らの催促にもかかわらず、各省庁が政策を出し渋ったのが原因だった。でき上がった工程表も政策の手足を縛られることを恐れる各省庁の厚い壁に阻まれ、新味に乏しいものになった。

不良債権で激論

改革工程表の作成、デフレ対策、予算編成、税制改革とこの後、改革の具体化に向けた諮問会議の取り組みは続くが、具体論に入れば入るほど、竹中の苦戦が続く。不良債権問題では、小泉内閣の発足以来、竹中と金融担当相の柳沢伯夫との意見の食い違いが目立った。金融機関の不良債権の最終処理を「構造改革の一丁目一番地」と位置付けて早期解決を目指し、「必要なら公的資金注入も辞さない」との立場を取る竹中に対し、柳沢は一貫して「公的資金注入は不要」との姿勢を貫いた。

深刻なデフレ対策が大きな課題になる中、竹中は日銀にも矛先を向け、金融緩和の促進を訴え続けた。二〇〇一年八月には物価上昇率に一定の目標を設定する「インフレ目標」政策の導入も選択肢との考えを示したが、これには日銀が猛反発した。日銀の立場は「金融緩和をしてマネーを増やしても、不良債権を抱えて苦しむ銀行が貸し出しを渋っている以上、効果は限定的。不良債権の処理こそ優先課題」というものだった。竹中は金融庁、日銀への二正面作戦を取ったが、金融庁、日銀ともそれぞれの論理を展開し、動きは鈍かった。

経済財政諮問会議は二〇〇一年十一月二十日にデフレ対策と不良債権問題について非公開の集中審議を行ったが、不良債権処理の迅速な処理を求めた日銀総裁の速水優と金融担当相の柳沢の間で激しい議論が繰り広げられた。二人のつばぜり合いは、年を越した二〇〇二年二月二七日の諮問会議でも再現された。「金融機関への公的資金注入をできるだけ早く表明すべきだ。現状はかなり厳しい」と迫る速水に、「現時点で公的資金注入が必要とは考えていない」と柳沢は突っぱねた。速水が「海外からは日本の銀行の検査は甘いと見られている」と口にすると、柳沢は顔を真っ赤にして怒ったという。この日の諮問会議の議事内容はいつも通りに公開されたが、二人のやり取りの部分だけは、議論のあまりの激しさに非公開にされた。

経済財政諮問会議の歩み

2001年1月	中央省庁再編で経済財政諮問会議発足
4月	小泉政権発足
5月	小泉首相、竹中経済財政担当相が初出席
6月	骨太の方針を小泉首相に答申、閣議決定
8月	2002年度予算概算要求基準を決定
9月	改革工程表を作成
10月	改革先行プログラム策定
11月	デフレ対策と不良債権問題を集中審議 循環型経済社会に関する専門調査会が中間とりまとめ公表
12月	2002年度予算編成の基本方針を決定 2002年度予算政府案閣議決定
2002年1月	経済財政の中期展望を答申、閣議決定 税制改革の議論を開始
3月	税制改革の論点を公表
5月	税制改革の中間とりまとめ公表
6月	経済活性化戦略とりまとめ 税制改革の基本方針を提示 骨太の方針第2弾を小泉首相に答申、閣議決定

強まる財務省色

金融庁と日銀の腰の重さに苛立ちを覚えた竹中は一時、デフレ克服の苦肉の策として、デノミネーション（通貨の呼称単位の変更）や、発行時は国債だが所有者の請求に応じて株式に転換できる「転換国債」発行のアイデアを打ち出したが、「経済政策の王道を目指すべきだ。邪道に走ってはいけない。竹中大臣は何か良い知恵はないかとのたうち回っている」と保守党党首の野田毅が酷評するなど、ひんしゅくの声が上がった。

二〇〇二年度の予算編成も、諮問会議が大筋のアウトラインを出し、具体的な作業は財務省が行う役割分担で、形の上では首相主導の編成となったが、最終局面で財務省から諮問会議への報告はなく、事実上は財務省主導の編成だった。二〇〇二年の年明けから本格的に始まった税制改革の議論も経済活性化の方向を明示し、財務省、政府税制調査会に対抗して序盤戦は議論をリードしたものの、次第に財務省、政府税調、自民党税制調査会に主導権を奪われ、「活力」を重視する諮問会議の路線は後退を余儀なくされた。

「アンブレラ」は「イニシアティブ」を引き出すことはできず、諮問会議は議論のきっかけは作るが、具体化段階で従来の権力機構に阻まれ、構造改革は具体化段階で足踏みする構図が繰り返されることになったのである。

政策研究に興味

竹中は一九五一年に和歌山市で生まれた。子どものころは野球に熱中する典型的な野球少年だった。県立桐蔭高校に進学、ここで出会った社会科教師の影響を受け、近代経済学を勉強しようと思い立つ。竹中が高校を卒業した一九六九年は大学紛争で東大入試が中止になった年で、竹中は迷わず一橋大学の経済学部を受験、合格した。一橋大学では、現在早稲田大学教授で日本貿易振興会アジア経済研究所長の山澤逸平のゼミに入り、国際経済学を勉強している。

一九七三年に一橋大学を卒業した竹中は日本開発銀行に入行した。経済政策の研究に興味を持っていたが、経済的な問題で大学院進学はあきらめた。役人になりたいという気持ちも薄く、政策金融機関を最終的に選んだ。開銀の設備投資研究所に所得倍増政策を掲げた元首相の池田勇人の経済ブレーンを務めたことで有名な下村治が所長としていたことも、開銀を選んだ大きな理

経済財政諮問会議の後に記者会見する竹中経済財政担当相

由だったという。

開銀に入った竹中は金沢支店の勤務などを経て一九七七年、設備投資研究所に配属された。研究所では所長から顧問になっていた下村から直接、経済について様々な話を聞く機会があったという。三十歳になった一九八一年、米ハーバード大学、ペンシルバニア大学へ客員研究員として一年間、留学した。この時、後に財務長官になるローレンス・サマーズ、ロシアや東欧の経済改革に関わったジェフリー・サックスらと知り合うなど、米国での留学経験は大きな刺激になった。帰国後は大蔵省財政金融研究所へ主任研究官として出向する。

飛躍目指し本を執筆

大蔵省への出向時代は、経済のソフト・サービス化の重要性を指摘、ソフトノミックスを提唱していた異色官僚の長富祐一郎（現・研究情報基金運営理事会議議長）に可愛がられた。長富が当時を振り返って言う。「竹中君は明るい性格で発想がクリエーティブ。自分からいろいろな提案をしてきた。彼は直前に米国に留学していて向こうの大学に顔が利いたから、いろいろな人を紹介してもらって交流のネットワークを作ったりもした。彼のアレンジで米国の大学に行って講演をしたこともあり、いろいろな思い出が残っている」

竹中は長富について、「こき使われたけれど、同時に多くのことを教えられた」と語っている。当初は二年で開銀に戻る予定だったが、長富が竹中を手放さず、出向は五年間にも及んだ。

「大変な苦労が多いと思うが、おめでとう」――。長富は竹中が経済財政担当相として入閣した時、祝電を打っている。その後、竹中は最初の難関だった骨太の方針とりまとめを終えた二〇〇一年七月中旬に、東京・虎ノ門の長富のいるオフィスに出向いている。開口一番、「もっと早く来ようと思っていましたが、遅くなりました。お叱りください」と語ったという。竹中はこの訪問について、「霞が関、永田町のことをよくご存知なのでアドバイスを聞きに行った」と言う。この時、「官僚、政治家の抵抗が強く、大変です」と長富に弱音を吐いている。

長富によると、大蔵省財政金融研究所にいたころ、竹中は開銀の設備投資研究所では研究活動に限界があり、もっと幅広いことをやるための飛躍を求めていたという。竹中はその当時、財政金融研にいた吉田和男の勧めで「研究開発と設備投資の経済学」という題名の本を執筆、出版したが、この本が一九八四年のサントリー学芸賞を受賞した。ちなみに、この時、竹中と同時受賞したのが、現在経済財政諮問会議の議員として一緒に働く吉川洋である。同賞受賞をきっかけに、竹中はマスコミや学界などでその存在を知られるようになる。

慶応で大学教授に

新しい飛躍を求めていた竹中に大阪大学教授の本間正明から誘いがかかる。本間も現在諮問会議議員で、いまやともに構造改革に取り組む同志である。竹中は開銀に籍を残したまま助教授として阪大に行くが、二年後にはジェフリー・サックスから誘われ、再びハーバード大学へ客員准教授として赴いた。同大学で日本経済を教えていた竹中はその後、ワシントンの国際経済研究所（ＩＩＥ）で客員フェローとして研究活動をすることになったが、今度は神奈川県藤沢市に総合政策学部を新設する慶応大学から声がかかった。スカウトした加藤寛は、「開銀には僕の教え子がたくさんいたが、竹中君は有能と評判が良かったので引っ張った。でも当時、慶応の内部には反対論があった。絶対伸びる人だからと説得したのを覚えている」と振り返る。竹中は一九九〇年慶應大学の総合政策学部助教授になり、一九九六年には教授になった。

竹中のこれまでの歩みを振り返ると、開銀から大蔵省、ハーバード大学と様々な経験を積む中で、政策研究への関心を徐々に高めていったことが分かるが、同時に人生の節目ごとに彼をバックアップする人が次々に現れていることが分かる。彼らが一様に口にするのは竹中が人の話をよく聞き、まとめる力に長けていること、人当たりが良く、人脈のネットワーク作りが得意で行動力があること、などである。

竹中の周囲の経済学者は「実行力があり、政治家的な資質を持っている」と、竹中を学者としてというよりも、閣僚として評価する人が多いが、「学者としては政治家的」であっても、本物の政治家の間に入ったら、さすがの竹中も分が悪い。実際、国会議員ではない竹中に対する自民党内の風当たりは強い。

自民党前政調会長の亀井静香は二〇〇一年十月四日の日本記者クラブでの会見で「政治を担うのは国民から選ばれた国会議員である。経済政策の立案を手っ取り早く専門家を呼んできてやらせるというのはどうか。自民党の議員は国政に参加できないもどかしさを感じている。党内には不満が充満している」と学者がリードする経済財政諮問会議のあり方を批判した。党政調会副会長の小林興起も「首相が学者や民間人の意見を重視するのは危険なことだ。自民党にも経済に精通した人材がいる。首相は党の政策通の意見にもっと耳を傾けるべきだ」と語る。

難しい「政治との対話」

骨太の方針とりまとめでは小泉との直談判で諮問会議主導の流れを作った竹中だが、その後の永田町の反発を気にしたのか、「国民」「市場」だけでなく「政治」との対話を意識し始めている。七月の参院選の応援に駆り出された後は「激しい選挙を戦う政治家に志を感じた。話せば分かってもらえる」と語るなど、与党との調整にも自ら汗をかく決意を示したが、「政治との対話」はやり過ぎれば、妥協をもたらすだけという面もある。構造改革が総論から各論に入るにつれ、また頼みとする小泉人気の低下とともに、竹中は厳しい立場に置かれることになった。

「竹中大臣」の誕生に一役買い、小泉構造改革の応援団を自任する加藤寛は「竹中君は改革工程表を作るまでは良かった。そこまでは戦略があった。だが、その後の予算編成は財務省主導になった。彼はアイデアは出すが、実践する政治力がない。諮問会議は宙に浮いている。税制改革も財務省主導になっている。小泉首相の改革への姿勢も変わってきたような気がする」と竹中と小泉改革の行方に危惧の念を示す。竹中と経済財政諮問会議が日本の政策決定プロセスに新風を吹き込んだのは確かだが、それを根本から変えるパワーがないことも次第に明らかになってきたのである。

行政との緊張関係保つ

本間正明

HONMA MASAAKI

諮問会議が司令塔に

経済財政担当相の竹中平蔵は小泉政権の「経済参謀」だが、その竹中を支えるブレーン役が経済財政諮問会議の二人の学者議員だ。その一人、大阪大学大学院経済学研究科教授の本間正明はかつて竹中を阪大にスカウトした人物。当時、竹中は日本開発銀行から大蔵省財政金融研究所に出向し、主任研究官を務めていた。竹中は阪大経済学部の助教授になったのを足がかりに学者への道を歩む。本間は学者・竹中平蔵のいわば生みの親である。十五年の歳月を経て、本間は再び竹中を支える立場に立った。

経済財政諮問会議の開催前には、竹中、本間に東大教授の吉川洋、トヨタ自動車会長の奥田碩、ウシオ電機会長の牛尾治朗の五人が集まり、協議をするが、牛尾によると、議論をリードするのは本間で、竹中は聞き役に回ることが多いという。本間自身も「財政問題では私が議論をリードすることが多い」と語る。

二〇〇一年一月、経済財政諮問会議の議員に就任した時、本間には戸惑いがあった。当時の首相は森喜朗。森は自民党の典型的な調整型の政治家で、経済政策について明確なリーダーシップを発揮することはなかった。政策立案は党に丸投げすることが多く、政調会長の亀井静香の存在感が大きかった。諮問会議は経済財政政策に関する首相の指導力を支える機関。だが、肝心の森が諮問会議をどう活用するのかがよく分からなかった。会議の役割について本間は明確なイメージを描くことができなかったのである。

「舞台回しをする官僚も、民間から来た議員も様子見をしていた。どういうふうに諮問会議を使うのか、はっきりした意識がなかった。（森政権が不人気で）政治状況が不安定だったこともあり、政治家、官僚、民間議員の三者が諮問会議の活用の仕方について確信がもてない状況だった」と、本間は当時を振り返る。

本間の専門は公共経済学と財政学。政府の税制調査会などの委員を長年務め、官僚機構を熟知している。役人は政策立案に関し、利害関係者との調整ができるかどうかなど実現の可能性を判断し、リスクが大きいことは避ける。審議会も官僚が描いたシナリオの上に乗る構図である。諮問会議の役割についても、これまでの経験から懐疑的だった。

だが、二〇〇一年四月、小泉純一郎が首相に就任したことで雰囲気は一変した。小泉は五月十八日に初めて経済財政諮問会議に出席。この場で「諮問会議は所信表明演説に盛り込んだ大方針を肉付けするための最も重要な会議。諮問会議で出された方針の実現に向け、いかに小泉内閣が進むことができるかが今後の日本経済の発展に大きく影響する。抵抗は当然あるが、恐れず、ひるまず、とらわれずの意欲で、何とか実現に向けて頑張る決意である」と宣言した。経済財政諮問会議は、構造改革推進の小泉政権の司令塔と位置づけられたのである。

「社会保障個人勘定」を提案

経済財政諮問会議の当面の課題は六月下旬に出す「今後の経済財政運営及び経済社会の構造改革に関する基本方針」(骨太の方針)のとりまとめだった。骨太の方針の中で本間が担当したのは、第三章の「社会保障制度の改革――国民の安心と生活の安定を支える」、第四章の「個性ある地方の競争――自立した国・地方関係の確立」、第五章の「経済財政の中期見通しと政策プロセスの改革」の三つの章だった。

「損得勘定を助長し、好ましくない」――。本間は社会保障制度の改革で、「社会保障個人勘定」の構想を提案したが、厚生労働省が難色を示した。この構想は情報技術(IT)を活用して、個人レベルで社会保障の給付と負担の関係が分かるように情報提供する仕組み。①国民一人一人がライフステージの各段階において、自分の生活と社会保障制度の関わりがよく分かるようになり、制度への信頼性が増す、②年金、医療、介護の各制度を一元管理してサービスを効率化することで運営コストの削減が可能になる、③このシステムの構築でe-government(電子政府)が

経済財政諮問会議の概要

(1) 性格

経済財政政策に関し、有識者の意見を十分に反映させつつ、首相のリーダーシップを十全に発揮することを目的として、内閣府に設置される合議制機関

(2) 構成員

① 人数を議長（首相）及び10名の議員、計11名以内に限定

② 内閣官房長官、経済財政担当相以外の議員は法律上定めない

③ 民間有識者の人数を議員数の４割以上とする

④ 上記議員の他に議案を限って他の国務相を「臨時議員」として会議に参加させることができる

(3) 所掌事務

① 首相の諮問に応じて経済全般の運営の基本方針、財政運営の基本、予算編成の基本方針その他の経済財政政策に関する重要事項についての調査審議

② 首相又は関係閣僚の諮問に応じて全国総合開発計画その他の経済財政政策に関連する重要事項について経済全般の見地から政策の一貫性・整合性を確保するための調査審議

③ 上記①②について首相等に意見を述べること

(4) 事務局機能

① 内閣府の内部部局のうち、経済財政政策に関する総合調整を担当する政策統括官部門が事務局機能を担う

② 同部門には行政組織の内外から人材を登用する

③ 経済財政諮問会議が有効に機能するため、内閣府と内閣官房の連携を図る

促進され、景気対策にもつながる——など様々な効果があることから、本間は骨太の方針に今後の検討課題としてこの構想の実現を挙げたが、助け合いという社会保障の理念に合わないと反発を招いた。

本間は少子高齢化の進展に対応、持続可能な社会保障制度の構築が不可欠と考えていた。それだけに制度の効率的な運営につながる「社会保障個人勘定」構想にこだわった。一方、厚生労働省には、制度一元化は社会保険庁などの再編を招くとの警戒心があったとされる。

五月末から骨太の方針がまとまる六月下旬まで、本間は厚生労働省の幹部と三回にわたり激論を戦わせた。

骨太の方針は五月三一日に開かれた

諮問会議に項目だけを記述した「目次案」、六月十一日の会議に素案、六月二一日の会議に最終案が提出されたが、目次案で「社会保障個人勘定」となっていた名称が素案では「社会保障個人会計」と変えられた。また素案では見出しとして掲げられていたのが、最終案では見出しからは消え、文章だけになった。

新公共政策唱える

これはほんの一例で、骨太の方針の策定過程では、政治家、官僚などから様々な抗議、注文、文言の修正要求などが相次いだ。そのたびに諮問会議事務局と抵抗勢力の攻防が繰り返された。大概は内閣府の政策統括官だった小林勇造、坂篤郎、岩田一政の三人が調整役を務めたが、本間ら諮問会議の民間議員が自ら調整に当たり、矢面に立つこともあった。

本間がもう一つ骨太の方針の中でこだわったのが、公共部門に企業経営の手法を取り入れ、コスト意識を高める「ニュー・パブリック・マネジメント（NPM）」の導入である。

本間は、日本の戦後の意思決定がほぼ一貫して政権を担ってきた自民党と官僚の緊密な関係のもとで一般国民からは見えにくい閉ざされたシステムによって運営されてきた、と見る。高度成長時代はまだ良かった。税収が伸びる中、与党と行政は豊富な財政をどう配分するかを考えていれば良かったからである。閉鎖的なシステムの中でお手盛りの意思決定が行われてきたが、いまや国家財政の悪化は深刻だ。官僚は科学的な手法を持たずに利害調整者として機能してきたが、財政悪化に加え、納税者である国民の価値観の多様化、低成長経済、少子高齢化の進展といった新しい状況の中で、これまでのシステムを根本的に見直さなければならない。

ＮＰＭでは、国民を「納税者として公共サービスの費用を負担し、サービスの提供を受ける顧客」としてとらえる。行政には効率的で質の高い公共サービスの提供が求められており、徹底した競争原理の導入、業績・成果に対する評価などが不可欠になる。具体的には公共サービスの提供について「民間にできることは、できるだけ民間に委ねる」との原則の下に、民営化、業務の民間委託、ＰＦＩ（民間資金を活用した社会資本整備）の活用、独立行政法人化の推進などを検討する。また事業に関する費用対効果などの事前評価によって、事業にかける費用を明確にし、政策決定に反映させる一方、実際に行われた事業についてもその結果を事後に評価し、政策決定にフィードバックする。こうした考えを本間は骨太の方針に盛り込もうとした。

ＮＰＭの理念は従来の予算編成への批判と受け取られるため、財務省の反応は良くなかった。だが、改革派の官僚の受けは良く、財務省や内閣府の若手からＮＰＭの内容を積極的に書いてほしいとの要請が来た。本間はこうした声に後押しされる形で、骨太の方針にＮＰＭの重要性を書き込むことができた。

諮問会議主導で

骨太の方針は六月二一日に最終案が経済財政諮問会議に提出、承認され、首相に答申することが決まり、二六日には閣議決定された。小泉内閣の経済財政政策の基本方針として正式に認められたのである。本間は骨太の方針について「従来なら青臭い議論と官僚から鼻であしらわれるような問題も取り上げた。タブーに切り込むことができた。われわれが書いた原案が手直しされたが、訴えは残っている。一〇〇点満点で八十点はつけられる」と語っている。

骨太の方針が閣議決定された後、諮問会議の次の課題は予算編成にどうコミットするかに移った。方針をうたい上げても、それを予算編成に生かしていかなければ、まさに「絵に描いた餅」に終わる。八月には二〇〇二年度予算の各省庁の概算要求を控えていた。本間は諮問会議で「予算編成で首相がリーダーシップを発揮するためには、諮問会議がトップダウンで決定するという枠組みを作るべきだ」と発言、これまで財務省主導で行われていた予算編成を諮問会議主導に変えるよう主張した。

二〇〇二年度予算の編成では国債発行を三十兆円以下に抑えることを大原則に、従来型予算を五兆円削減し、都市再生、環境、ＩＴなど重点七分野に二兆円の予算を付ける基本方針が諮問会議で決まり、その方針の下で予算編成が進められた。諮問会議が予算の基本方針を決め、具体的な作業は財務省が行うという役割分担で予算編成の新しい形が生まれたかに見えた。

土壇場で軽視

「六月以降、積み上げてきた努力は一体何なのか。虚しい感じもする。もう一度原点に返って、諮問会議の機能について改めて来年にも議論していただきたい。予算について説明責任を果たすということは、政策としての経済財政運営の局面での大きな課題。私はこのような最終決着は、諮問会議として遺憾だと申し上げたい」――。二〇〇一年も押し迫った十二月十九日に開かれた経済財政諮問会議。二〇〇二年度予算の財務省原案内示を翌日に控えたこの会議で、本間は財務省への不快感をあらわにした。最終段階にきて財務省に予算編成の主導権を完全に握られ、要求官庁と財務省の舞台裏の交渉で予算が決まっていった。本間ら民間議員は事務局を通じて財務省主計局に予算編成の進捗状況を説明するよう求めたが、形式的な報告だけで内容についての詳しい説明がなかったのだ。

会議では牛尾、奥田ら他の民間議員も口々に財務省の対応を批判した。

「どのように五兆円無駄なものを削って、二兆円有効なものを入れたのか、七つの重点項目を中心にどのような構造改革予算になったのかという点で、国民への説明方法がわれわれには不明なままで最終の閣議決定になる。最終の仕上げで昔ながらの調整財源の折衝が前面に出ると、国民には本当に議論した結果がこうなったというのが分かりにくく、何か裏側で決まっているような印象を与えてしまう」（牛尾）

「国民の目からという点で象徴的だったが、昨日のテレビで、塩川大臣と扇大臣が関西空港の話か何かをしているのを見た。あれは予算編成プロセスの中のどういう位置づけなのかが、国民には分からないだろうなと思った。大臣折衝で先に決めて、後は財務省任せになっているが、一番最後の段階を、もっとクリアにできないものか」（奥田）

六月の骨太の方針とりまとめから、八月の概算要求を経て、十二月の予算編成の基本方針策定と諮問会議主導で進んできた二〇〇二年度の予算編成だが、関西国際空港の二期工事継続が大阪府出身である財務相の塩川正十郎と国土交通相の扇千景の大臣折衝で決まるなど、最終段階では従来通りのパターンによる決着になった。本間は会議の終わりに「われわれはずっとエネルギーを割いてやってきたが、最後のところで諮問会議軽視という感じもする」と無念の思いを口にした。すると、塩川は「それはちょっと言い過ぎだ。そんなことはない」と反論。最後は首相の小泉が「諮問会議は幅を利かせ過ぎると言われている。逆だ」ととりなした。

本間自身も予算の仕上げには不満をもちながらも、そのプロセスについては「従来とは全く違う予算編成だった」と振り返る。予算編成はこれまで財務省の専管事項。諮問会議が基本方針を出して、予算の方向性をリードしたというだけでも、従来から見れば大きな前進だった。だが、諮問会議と財務省がどう役割を分担するか、今後に大きな課題を残したことは間違いない。

「活力」重視の税制を

本間ら諮問会議の民間議員にとって次の大きなテーマは税制改革だった。米国のレーガン元大統領、英国のサッチャー元首相のケースを見てもそうだが、税制改革は構造改革の主役である。日本では自民党税制調査会と政府税制調査会の二つの税調が税制問題を担っており、首相が議長の経済財政諮問会議といえども、税制改革の主導権を握るのは困難と見られていた。だが、小泉は税制改革を諮問会議で取り上げることを決め、二〇〇二年の年明けから議論が始まることになった。

実は本間は早くから税制改革の重要性に着目、諮問会議の下に税制問題を研究するチームを作ろうとした。だが、財務省がこの動きに警戒心を示したため、本間を中心とした私的な勉強会の形にし、会の名称も「税制」という言葉を避け、「歳入構造」の勉強会という形でスタートすることにした。この勉強会には大阪大学教授の跡田直澄（現在は慶応大学教授）、政策研究大学院大学教授の大田弘子ら、本間の息がかかった学者が参加した。事務局は、内閣府の三人の政策統括官の中で財務省出身の坂篤郎が務めるのが自然と思われたが、坂は引き受けなかった。党税調、政府税調との関係から、坂は諮問会議が税制を取り上げること自体に慎重だった。この勉強会は二〇〇一年夏ごろから五、六回開かれ、証券税制、所得税の課税最低限、税の直間比率、非営利組織（NPO）税制などの問題について研究した。

諮問会議で税制論議をすることが決まったのを受け、二〇〇二年二月、今度は正式に税制について の専門家のプロジェクトチームが結成されることになった。諮問会議に税制改革の試案を提出するためである。すると、坂は一転、事務局を引き受けると言い出した。

坂の背後には当然、財務省の存在がある。財務省は諮問会議が税制改革論議をするのを押さえ込もうとしていたが、小泉がやる気を出したのを見て、今度は税制論議をコントロールしようと動き出したのである。経済財政担当相の竹中の裁定で税制改革の試案づくりをするチームの事務局は坂ではなく、経済産業省出身の政策統括官、小平信因が務めることになった。

このチームには四月に政策研究大学院大学教授から内閣府参事官に就任した大田や跡田ら歳入構造勉強会のメンバーが加わった。

本間が目指す税制改革は経済活性化のため、民間の活力を最大限に引き出し、ヒト、モノ、カネを生産性の低い分野から高い分野に移し替え、持続的な経済成長を可能にするため資源配分の効率化を進めることにある。政府税制調査会が掲げる「公平・中立・簡素」に対し、諮問会議は「公正・活力・簡素」の三原則を打ち出した。

諮問会議VS財務省

二〇〇二年三月二九日に開かれた経済財政諮問会議。この日の会議では本間ら諮問会議の税制チームが中心になってまとめた「税制改革の論点整理」のペーパーが四人の民間議員の連名で提出された。

「論点整理」では、日本経済の競争力が低下する中、経済の活性化を図るため、税制の基本原則として「活力」を重視する方向が打ち出され、今後の税制改革の課題として、①活力を引き出し国際的整合性を重視する税制、②多様な選択を可能にし、すべての人が社会に参画できる税制、③長期にわたって安心を支える税制、④地方の自立と特色ある発展を促す税制、⑤透明で公正な、納税者が納得できる徴税システム――の五つを掲げた。

このペーパーはA４版で三ページの簡単なものだったが、当初用意した文書には改革のスケ

記者の質問に答える本間大阪大学教授

ジュールや個別の税項目の見直し案が書き込まれていた。それには「二〇〇二年度から二年間は集中調整期間とする。経済活性化に重点を置き、減収になる可能性もあるが、その財源は構造改革の成果を活用する」などと記されていたが、財務省から「踏み込み過ぎ」とクレームが付き、内部資料扱いになり、一般には公表されなかった。その代わりに本間は口頭で説明をし、税制改革の意義、目的、スケジュールを詳しく語った。

本間ら諮問会議の民間議員が提唱する税制改革は、「活力」に重点に置き、特に二〇〇二—二〇〇三年度の「集中調整期間」は構造改革により歳出削減を図るとともに、国有財産の売却などを通じ財源を確保し、民間活力を高めるための減税を実施するというものだった。ただ、所得税や法人税の税率引き下げは、課税ベースを拡大した上で実施し、「広く、薄く」負担を求めることを基本に据えていた。

本間の説明が終わると、税制改革をめぐって熱い議論が始まった。経済産業相の平沼赳夫は「日米の主要企業十社の法人所得課税は日本の実効税率が米国の約一・五倍であり、今後は課税ベースの拡大とともに税率を引き下げる方向で検討を進める必要がある」と、日本企業の競争力強化の観点から法人減税を支持する姿勢を示した。

一方、財務相の塩川は「減税先行も活力を与えるために必要だ」としながらも、「いつかは、それに見合った歳入の補充をしなければ持続的な発展は維持できない」と減税先行論にクギを刺した。また諮問会議の役割についても「諮問会議が基本的な理念、方向性を考え、それを受けて政府税調や党税調が具体的なものを消化すべきだ」との考えを示し、諮問会議が税制改革の具体策に踏み込むことをけん制する発言をした。

特別参加していた政府税調会長の石弘光も「投資減税というのは、投資すれば負けてやることだから、短期的な視点から見れば、確かにある面では活力になるが、中長期的に見ると、投資減税があるから投資をするという逆転した発想になって民間の投資配分を歪める」、「減税先行で何か小さいことをやって、ある特定のところの税制をいじっても技術や産業構造の変革、国際競争力の強化にはつながらない」などと発言、「活力」重視の減税先行論に反対した。

増税色強まる

この日の会議の後も、「活力」を重視する諮問会議の民間議員と財政再建の視点から減税先行を警戒する財務省や政府税調の対立が続いた。本間ら民間議員は歳出削減で浮いた財源を経済活性化のための減税にあてる「改革還元型減税」を打ち出したが、財務省は「歳出を削減したら国債の償還にあてるのが当然」と反対の立場だった。だが、こうした対立の背景には、双方の理念や路線の違いだけでなく、税制改革をめぐる主導権争いもあったと見られる。これまで税制問題は財務省・政府税調と自民党税調が担っており、新参者の諮問会議が口を出すことへの強いアレルギーがあったのである。諮問会議の動きを苦々しく思っているのは政府税調だけでなく、自民党税調も同じだ。自民党内にはデフレ対策の一環として先行減税を求める声が強かったが、党税調に強い影響力をもつ最高顧問の山中貞則は、諮問会議が提示した税制改革案について「相手にするな」と不快感をあらわにした。

その後、経済財政諮問会議では五月二一日に民間議員が中間とりまとめを提出したのに続き、三十日に今度は政府税調が総会でまとめた主要論点を報告した。政府税調会長の石は、諮問会議と同様に政府税調も「広く、薄く」を基本方針に掲げているとした上で「薄く」については「小渕内閣の時に大型減税を実施し、大々的にやっている」と指摘、今後の課題は「広く」にあり、課税対象の拡大に重点を置くべきだと主張し、活性化のための減税は贈与税の軽減や研究開発への税制優遇拡充にとどめるべきだとの考えを示した。これに対し本間は「国際的なスタンダードなやり方として『広く』すれば『薄く』するのは当たり前。増税増収色だけが強調されている」と政府税調の方針を批判、議論は紛糾した。こうして所得税、法人税の税率引き下げを主張する本間ら諮問会議の民間議員とこれに反対する政府税調の亀裂は決定的になった。

この後、財務省の巻き返しで税制改革の個別論議は政府税調に委ねられることになり、税制改革は「活力」よりも「財政再建」を重視した増税色の強いものに変質していくのである。

税制改革の論客

本間は一九四四年、サハリン（旧樺太）で生まれた。同地の水産試験場に勤務していた父親は戦後、シベリアに抑留され、本間は母親、兄弟とともに日本に引き揚げ、新潟の父親の実家に身を寄せた。父親は三年後に帰ってきたが、本間は父親の転勤で少年時代に徳島、三重、千葉など日本各地を転々とする。中学時代には都会に集団就職する友人を地方で見送り、戦後の高度成長とともに青春期を歩んだ。このことが経済に興味をもつきっかけになったという。大阪大学経済学部に進学、大学時代は卓球部のキャプテンとして活躍、将来のことは深く考えないまま住友銀行（現三井住友銀行）に入行した。しかし、卒業後、恩師の木下和夫に再会、大学に戻るよう誘われ、大学院に進むことを決意。結局、銀行は一年勤めただけで辞めた。

木下は財政学が専門で政府税制調査会の会長代理も務めた。本間は現実の政策立案に関わる木下から大きな影響を受けた。その木下から「最初の十年は経済理論を勉強しなさい。理論的な考え方を身に着けなくてはだめだ。だが理論は手段であって目的ではない。理論をいつかは現実のものにしなくてはいけない」と言われた。本間はその教えを守り、学者人生の最初の十年は理論研究、次の十年は実証研究、その次の十年は政策に関与するというステップを歩んだ。助教授を経て一九八五年には大阪大学経済学部教授に就任。一九八七年から一九八八年にかけて大蔵省財

税制改革についての意見の相違点（2002年5月時点）

	経済財政諮問会議の民間議員	政府税調・財務省
改革の理念	「公正・活力・簡素」——経済社会の活力を最重視する	「公平・中立・簡素」が原則
法人課税	国際的にみて高い水準にある法人実効税率を大幅に引き下げる	法人税率の一段の引き下げは不適当。法人事業税に外形標準課税を早期導入
所得課税	所得税・住民税の税率引き下げや累進緩和に前向き	所得税・住民税の税率引き下げや累進緩和に否定的
財　源	歳出削減で浮いた財源を活性化のための減税に充てる	歳出を削減したら国債の償還に回すのが当然

政金融研究所の特別研究官も務めている。

このころから、本間は政策提言に軸足を移すようになった。一九八〇年代後半、中曽根政権から竹下政権にかけての時期、売上税・消費税の導入が国民的議論になっていた。一九八八年、本間は経済学者を中心とした研究集団「政策構想フォーラム」のメンバーとして、消費税導入と所得税などの減税をセットにした自民党の税制改革案が実現した場合のシミュレーション分析を行い、「年収六〇〇万円以下のサラリーマンは増税になる」との試算結果を発表した。このシミュレーション分析で本間は一躍有名になり、税制改革についての論客として活躍することになる。

政策構想フォーラムのシミュレーション分析は大蔵省を刺激したが、この後、本間は税制の専門家として政府税調の委員に選ばれている。以来、互いに緊張感を保ちながらも大蔵省に協力するという関係が続いてきた。本間は税調委員のほか、財政制度等審議会の特別委員なども務めている。だが、官僚が振り付けをする従来の審議会では自分の思いがなかなか通らない。それだけに、首相主導の枠組みで、議事内容がオープンにされる経済財政諮問会議への期待は大きかった。民間議員の一人として新しい意思決定システム構築の実験に参加、自分の意見を主張し精一杯頑張ったとの思いはあるが、官僚や与党の抵抗は想像以上に強かった。本間は二〇〇二年六月上旬に東京都内で開かれたシンポジウムの講演で「諮問会議の力がないこと、努力不足であることを実感している。日々、フラストレーションがたまっている」と語っている。

NPOに託す期待

本間は一九七九年から一九八一年に英国ウォーリック大学の客員教授を務めたが、この時の英国滞在で非営利組織（NPO）に興味をもった。当時の英国はサッチャー首相の下で改革が進み、政府の公共サービスが次々縮減されていたが、行政に代わって公共サービスを担ったのがNPOなど市民のボランティア活動だった。こうした時代の節目に遭遇したことでNPOの存在が強く印象に残り、その役割に大きな期待を抱くようになった。

それ以来、NPOの研究を本格的に始めた。NPOは弱肉強食という「市場の失敗」と非効率という「政府の失敗」を補完する存在として二一世紀の社会に不可欠な存在である。関西はもともと「民」が「公」を担う伝統があり、一九九五年の阪神大震災を経てボランティア活動への認識も高まっていた。本間ら大阪大学の経済学者が推進役になり、一九九九年には「日本NPO学会」が設立され、本間は学会の副会長に就任した。

本間がＮＰＯに期待をかけるのも、日本の官主導社会が限界に達していると思うからだ。多元的な価値観を尊重し合う市民が主役の時代を迎え、行財政の構造改革推進とともにＮＰＯの育成が欠かせない、と本間は考えている。

需要創造こそ再生の道

吉川洋

YOSHIKAWA HIROSHI

三五年の付き合い

二〇〇一年の七月中旬、東京・日本橋にある日本銀行本店で二人の経済学者が向かい合っていた。

「厳しい経済情勢だ」

「頭が痛いね」

一人は経済財政諮問会議議員で東京大学大学院経済学研究科教授の吉川洋。もう一人は日銀政策委員会審議委員の植田和男だ。二人はもう三五年の付き合い。ともに一九五一年の生まれで、東京教育大学（現筑波大学）付属駒場高校、東京大学と同じ高校、大学で学んだ。大学を出てからの経歴も似ており、米国留学の後、二人とも大阪大学の助教授を経て東大に戻り、教授になっている。東大では二人とも日本を代表する経済学者の一人、宇沢弘文に学んでいる。

その二人が今、政府と日銀に分かれて要職に就き、それぞれ経済、金融政策の重要な役割を担う立場に立った。二人は時々会っては経済論議をしている。吉川は小泉内閣の経済政策の司令塔である経済財政諮問会議のメンバーとして、構造改革を推進する一方で、日本を覆う深刻なデフレからどう脱却するかに頭を痛めていた。植田も金融政策を決定する立場から、デフレにどう対処するか苦悩の日々が続いていた。ゼロ金利政策に代表されるように日銀の金融緩和策はぎりぎりのところまできており、もはや政策の選択肢は限られていた。にもかかわらず、日銀に一段の金融緩和を求める声はやまない。政府やエコノミストの間からは金融の量的緩和策の強化やインフレ目標を導入する意見が強まっていた。

植田は、インフレ目標を導入しようにも目標を実現するための有効な手立てがないとして、インフレ目標政策には反対の意見を述べていた。金融政策の選択肢がなければ、普通は財政政策の出番だが、日本政府の財政状況は悪く、とても大規模な財政支出をするような余裕はない。小泉政権下で構造改革に乗り出したばかりだが、景気悪化の中で日本経済はまさに厳しい局面を迎えていた。

吉川は日銀がもっと積極的な政策を採るべきだとの考えだったが、それが重症の日本経済に効果的と心底から信じていたわけではなかった。患者に本当に効く薬ではないが、精神安定剤としての意味があると思っていたに過ぎない。経済学者としてインフレ目標政策や量的緩和の拡大には懐疑的だった。吉川は日本経済低迷の根本問題は需要不足にあるというのが持論で、これを何とかしない限り、真の解決はないと考えている。

ケインズの信奉者

吉川は東大時代に宇沢弘文のもとで学んだ後、米国のエール大学でノーベル経済学賞を受賞したケインジアンのジェームズ・トービンに師事したマクロ経済学者。師匠の影響を受けた吉川自身も需要を重視するケインズの信奉者である。経済財政担当相の竹中平蔵をはじめ、経済財政諮問会議ではサプライサイド（供給側）の改革を主張する論者が主流なだけに、存在感は薄いと見られがちだ。だが、吉川は財政拡大を声高に叫ぶ単純なケインジアンとは一線を画し、需要創造型の構造改革を唱えている。

吉川によれば、一九七三年の石油危機までの日本の高度成長時代にはケインズ経済学は必要なかった。需要が常にあったからだ。資源と原材料がない日本はこれらを輸入して高度成長を実現した。日本は需要不足のない経済だったのである。その後の日本は輸出が経済のけん引役になった。だが、欧米との貿易摩擦が激化、一九八五年、ドル高を是正し円高を誘導したプラザ合意によって日本は転機を迎える。それ以降、日本は内需主導の経済への転換を目指すことになる。その方針転換自体は正しかったが、内需拡大の方策を間違った。円高になり、みんなが海外旅行に出かける時代になったにもかかわらず、国内各地で競うようにリゾート開発を始めた。果たせるかな、その多くは失敗した。時代の変化を読めなかったために、不良債権の山を築いてしまったのである。

今度は間違ってはいけない。時代に合った正しい需要を掘り起こさなければならない。吉川はそんな思いを骨太の方針に書き込んだ。担当したのは第一章の「構造改革と経済の活性化」と第二章の「新世紀型の社会資本整備――効果と効率の追求」である。第一章は構造改革と景気との関係についてこう記している。「いかなる経済においても生産性・需要の伸びが高い成長産業・商品と、逆に生産性・需要の停滞する産業・商品とが存在する。停滞する産業・商品に代わり新しい成長産業・商品が不断に登場する経済のダイナミズムを「創造的破壊」と呼ぶ。これが経済成長の源泉である。創造的破壊を通して労働や資本など経済資源は成長分野へ流れていく。……中略……創造的破壊としての構造改革はその過程で痛みを伴うが、それは経済の潜在的供給能力を高めるだけではなく、成長分野における潜在的需要を開花させ、新しい民間の消費や投資を生み出す。構造改革はイノベーションと需要の好循環を生み出す。構造改革なくして真の景気回復、すなわち持続的成長はない」

制度改革に官の役割

首相の小泉純一郎が繰り返し唱えたキャッチフレーズ「構造改革なくして成長なし」の考え方がここで論理的に展開されているとともに、吉川が着目する需要掘り起こしの重要性が強調されている。構造改革は単なるサプライサイド改革ではなく、需要を喚起する改革であるという吉川の主張が色濃く滲み出ている。吉川はケインズとともにオーストリア生まれの経済学者、シュンペーターを信奉しているが、骨太の方針ではシュンペーターの唱えた「創造的破壊」を引用して構造改革の意味を説明している。

骨太の方針の第一章は日本経済再生の第一歩として金融機関の不良債権問題の抜本的解決を訴え、経済再生のため、科学技術振興、規制改革、証券市場改革、労働市場改革、税制改革、財政構造改革の重要性を指摘している。

吉川は日本経済の根本問題として需要不足に着目するが、穴を掘って埋めるだけの従来型の公共事業は否定する。重要なのは、持続的な需要を生み出すことであり、そのために企業は新しい魅力的な商品を開発し需要を喚起するイノベーションの担い手になり、政府も潜在的な需要を顕在化させるため規制改革などの政策を採らなくてはならないと主張する。政府が需要創造のために行う制度改革を吉川はソーシャル・エンジニアリングと呼ぶ。

吉川は自ら担当した骨太の方針の第二章で、公共事業の質の改革を強調、民間の潜在的な消費や投資を誘発し、持続的な需要を生み出す事業への転換を唱えている。重要な分野として挙げているのは、情報技術（ＩＴ）、都市再生、バリアフリーなどの高齢化対応、循環型経済社会の構築など環境問題への対応である。こうした分野では政府の果たす役割が大きい。都市問題を例にとれば、容積率の緩和やバリアフリー化の推進などは民間が勝手に行えるものではなく、政府が積極的にソーシャル・エンジニアリングを実施していく必要がある。小泉構造改革は「官から民へ」を基本方針に「小さな政府」を目指す改革だが、吉川は政府の役割の重要性を強調している。

記者会見する吉川東京大学教授

循環型社会へ需要創造

二〇〇一年八月三日に開かれた経済財政諮問会議後の記者会見。経済財政担当相の竹中と一緒に珍しく吉川が姿を見せた。自らの提案で「循環型経済社会に関する専門調査会」の設置が決まり、その発表をするためだった。循環型経済社会の実現は、廃棄物を回収し、再資源化する静脈ビジネスを発展させるなど、潜在的な需要を掘り起こし、日本の経済活性化に大いに貢献すると吉川は考えた。

専門調査会は循環型社会をどう実現するかビジョンを描くとともに、ビジョン実現に向けたシナリオを検討することを目的にしており、メンバーには東京大学大学院工学系研究科長の小宮山宏、京都大学大学院経済学研究科教授の植田和弘、岡山大学大学院自然科学研究科教授の田中勝の三人の専門家が選ばれた。調査会の会長には小宮山が就任、吉川は会長代理になった。需要掘り起こしに向け吉川は行動を開始したのである。

八月二三日、内閣府で吉川と三人のメンバー、それにオブザーバーとして諮問会議議員の牛尾治朗、総合規制改革会議委員の生田正治（商船三井会長）らが参加して専門調査会の第一回会合が開かれ、循環型経済社会をめぐる現状についてフリーディスカッションをした。この後、十一月まで六回の会合が開かれたが、それと並行してトヨタ自動車、新日本製鉄、宇部興産など企業の環境問題担当者や地方自治体、静脈産業の関係者、学者などへのヒアリングも行われた。ヒアリングは精力的に実施され、吉川は「朝九時から夜十時くらいまで続いた日もあった。みんな熱心だった」と振り返る。

「人口と経済活動が高度に集中した日本では、環境劣化の問題が世界で最初に顕在化するが、世界に先駆けて循環型経済社会を構築し、二一世紀の世界のモデルとなる美しい日本をつくるチャンスととらえるべきだ」――。専門調査会は十一月十三日の最後の会合で中間とりまとめ案を決定、二二日に開かれた経済財政諮問会議で小宮山が報告した。

中間とりまとめは循環型社会のビジョンとして、①天然資源採取量の抑制、②環境への負荷の低減、③持続可能な経済成長の実現――という三つの基本理念を掲げた。ごみを不要なものから、資源・エネルギーとして活用する社会を目指し、二〇五〇年までに最終埋め立て処分量を現在の十分の一に減らすことを提言。ビジョン実現に向けたシナリオとして、①不用品を製造・販売業者が回収する体制の確立など責任と費用負担ルールの改革、②静脈インフラの整備など合理的な循環システムの改革、③産業横断的な連携と革新的な技術開発の促進――の必要性を指摘した。

また循環型社会の問題は、多様な選択肢と多くの利害関係者、多様な価値判断基準があることから、相互理解と合意形成のために知識・情報の体系化が不可欠として政府内に「情報ヘッドクォーター」を設置することを提案した。小宮山の報告の後、吉川は「補正予算やその他の政策において、政府としてこの報告書を生かしていただきたい」と発言した。

実際、二〇〇一年度の二次補正予算には、廃棄物処理施設の整備などリサイクル、環境関連の事業が数多く盛り込まれた。また専門調査会には環境省、経済産業省、国土交通省、農林水産省、文部科学省の各省庁から担当者が参加していたこともあり、吉川はこれを機に循環型経済社会への問題意識が高まり、各省庁の政策転換につながるのではないかと期待をかけている。

二〇〇二年度予算は厳しい財政事情の中、従来型の予算を五兆円削る一方、情報技術（IT）など重点分野に二兆円を付け、全体で三兆円を削減するというメリハリの効いた予算編成を目指すことになった。虎の子の二兆円は大事に使わなくてはならない。公共事業の質の改善を主張する吉川の意向が反映されて、重点七分野の二兆円の予算枠については、概算要求の際に各省庁が民需・雇用の創出効果のデータを出すことが義務づけられた。予算編成の主導権は最終的に財務省に握られたものの、各省庁に公共事業の質の改善を図る意識が生まれたことが一歩前進だった、と吉川は思う。

デフレ防止へ動く

ＩＴを中心とした景気の減速に九月の米同時多発テロの影響も加わり、二〇〇一年の日本経済は秋口にかけてさらに悪化し始め、小泉内閣が誕生した四月下旬の時点より状況は一段と厳しさを増していた。それとともにサプライサイド改革や財政構造改革一辺倒ではなく、需要不足を重視するケインジアンの吉川の存在感も高まっていった。

首相の小泉が二〇〇二年度だけでなく二〇〇一年度も国債発行を三十兆円に抑えると公言していたため、景気悪化に対応して補正予算を組むかどうかが大きな焦点となっていた。雇用対策として一次補正を組んだものの、二次補正をやれば三十兆円の枠を突破するのは確実だった。二次補正をどうするかはまさに大きな政治問題になっていた。この問題をめぐり経済財政諮問会議の民間議員の間でも当初は意見が分かれた。結局、ＮＴＴ株の売却益を財源に活用するという奥の手で二次補正を組んだわけだが、吉川は早い段階から二次補正予算を編成すべきだと主張し、デフレ防止の姿勢を明確にしていた。

「デフレに関して二点申し上げる。一つはマイナス面を消すということ。すでに何回も議論されてきたが、不良債権処理だ。日本の金融システムに問題がある。不良債権処理は抜本的解決が必要だ。もう一つはプラスを伸ばす。諮問会議で今後、経済活性化について議論が行われるが、これを少しでも前倒しで実行していくべきだ。デフレ対策は、詰まるところ、持続的な経済成長を見出すことであって、これが世界から日本に期待されている。二〇〇二年度予算でも、中身の

消費者物価指数

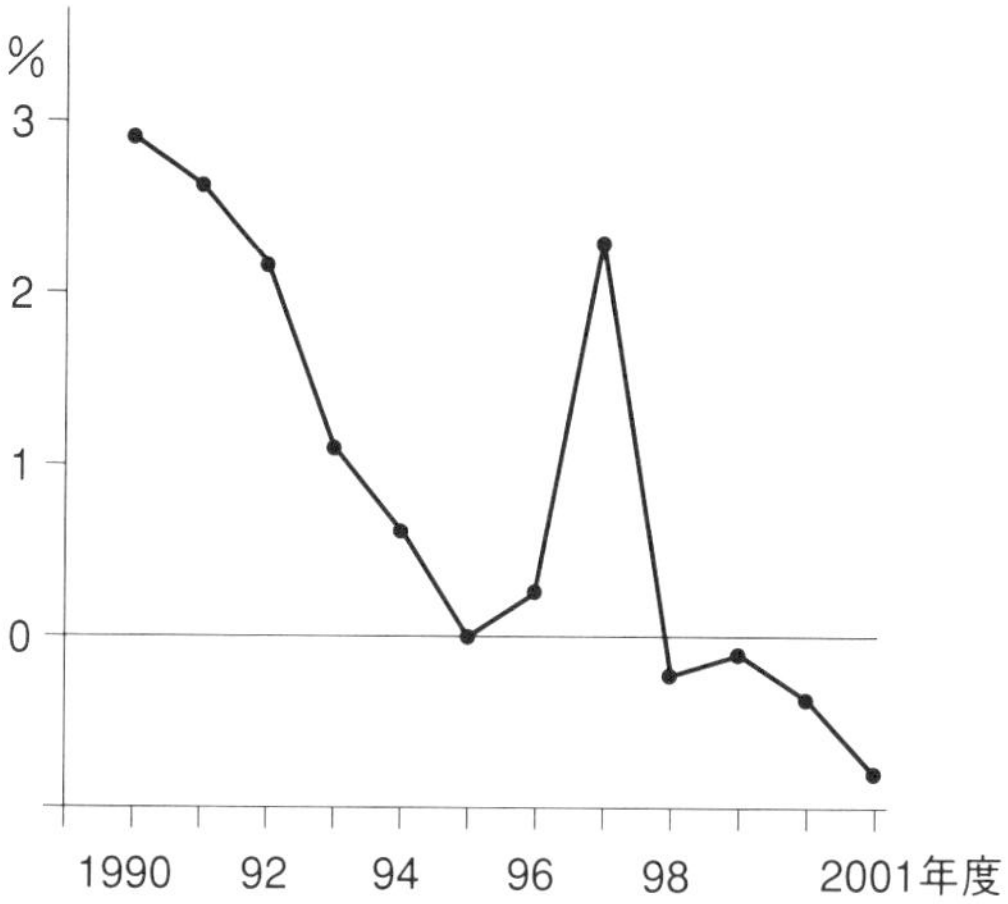

（注）前年度比騰落率
全国、生鮮食品を除く総合
（資料）総務省

見直しを大きな方針としたが、経済全体の中身を見直して持続的な成長を生み出すというのが構造改革だと理解している。デフレ対策と構造改革は、対立する命題ではない」——二〇〇二年二月十二日に開かれた経済財政諮問会議。デフレ問題が議題になったこの日の会議で、吉川は持論を展開した。一部の経済学者やエコノミストの間からは、デフレの時に構造改革をしたら、デフレスパイラルを招くとの批判が根強いが、吉川の主張する構造改革はデフレ対策と同義語でもある。

二〇〇二年に入り、吉川が力を入れたのは、税制改革と並んで諮問会議の重要テーマになった経済活性化戦略である。これは吉川が骨太の方針で訴えた「生産性の低い分野から高い分野へ経済資源を移し、民需主導の持続的な経済成長を生み出す」ための具体的な方策作りにほかならない。

純粋な学者タイプ

吉川は一九五一年、東京に生まれた。東京教育大学付属駒場高校では同学年に日銀政策委員会審議委員の植田がいたが、卒業後、進学した東京大学経済学部では、経済戦略会議のメンバーだった東大教授の伊藤元重、財政学が専門の東大教授、井堀利宏が同期生だった。植田は東大の学部時代は理学部で、大学院から経済に移ってきた。経済財政担当相の竹中平蔵は一橋大学で財務省副財務官を務めた伊藤隆敏と同学年で、吉川より一学年上になる。今活躍する経済学者にはなぜか、この年代が多いが、それは彼らが学生運動世代だったことと無縁ではないかもしれない。

吉川自身は学生運動に距離を置いていたという。政治的な活動には体質が合わず、「プレーヤーというより傍らに立つ人という感じだった」。だが、学園紛争を通じて社会に目覚め、経済への関心を深めていった。吉川は米エール大学に留学、マクロ経済学を専攻し、経済学博士号を取得している。米国でニューヨーク州立大学助教授の職を得たが、帰国し、大阪大学社会経済研究所助教授に就任した。このころの大阪大学には植田のほか、竹中や経済財政諮問会議のもう一人の学者議員である本間正明もいた。その後、東大に戻り、助教授を経て教授に就任した。

二〇〇一年一月に経済財政諮問会議の議員に就任して以来、東大教授との兼任で内閣府には週

マネーサプライ、マネタリーベースの推移

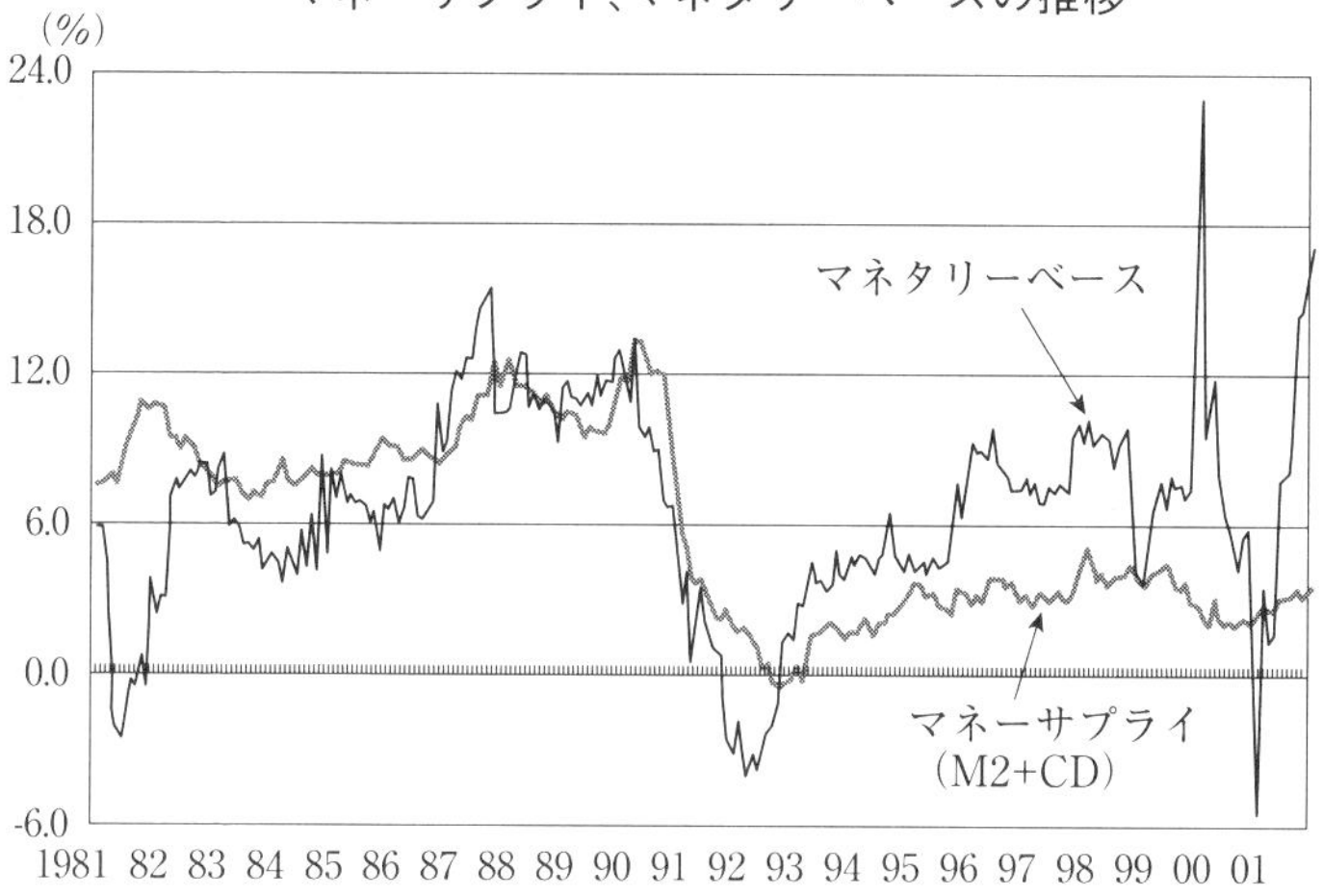

（注）前年同月比
（資料）日銀「金融経済統計月報」

三回程度、足を運ぶ。竹中や本間に比べ、「純粋な学者の印象が強い」（内閣府幹部）と言われる吉川。政治的な活動に違和感を覚えるのは今も同じ。官僚などとの調整は苦手で、「飛び回るのは自分の体質に合わない」と漏らす。「私は政治の流れをゆっくり眺めているが、官僚は状況に合わせ一時間単位で変化する」と言う。

だが、純粋な学者タイプなだけに、ずばずば自分の思ったことを口にするとの定評がある。十一月下旬に開かれた不良債権問題を集中討議した経済財政諮問会議。討議内容は非公開にされたが、ここで激しい意見の応酬があった。日銀総裁の速水優が「日本の銀行の自己資本比率は国際的な水準に比べて見劣りする」と日本の金融機関の健全性を問題にすると、金融担当相の柳沢伯夫が顔を真っ赤にして「日本の銀行は健全だ」と反論。それに追い討ちをかけたのが吉川で、「日本の銀行が健全だと言うなら、マネタリーベースがこれだけ増えているにもかかわらず、なぜマネーサプライや銀行の貸し出しが増えないのか」と柳沢に迫ったという。

諮問会議の議員に選ばれた時、吉川は「スタンドで野球のプレーを眺めていたら、いきなりマウンドで投げてみろと言われたような気分だった」と言う。当初は戸惑いも多かったが、経験を重ね、仕事に慣れてくるとともに、やりがいが出てきた。米国留学時代には恩師のジェームズ・トービンから「日本に帰る日がきたら、日本の経済を分析し、それに基づいて理論を考えなさい。日本人である君は、日本経済のために経済学を勉強しているのだから」と言われたという。以来、「日本経済のための経済学」を考えてきた。一九九九年に出した著書「転換期の日本経済」で日本の「失われた十年」を分析、長期低迷の原因を「需要不足」にあると論じた吉川。理論から実践へ――今、再びトービンの言葉をかみしめながら、実証分析を超えて「需要創造」のための対策作りに余念がない。

第2章

構造改革の知恵袋

景気判断分かりやすく

岩田一政

IWATA KAZUMASA

諮問会議支える学者官僚

経済財政諮問会議を事務局として支えているのが、内閣府の旧経済企画庁部門である。経済企画庁は二〇〇一年一月の中央省庁再編で新たに設置された内閣府に統合された。内閣府で経済・財政分野を担当する旧経済企画庁部門には局長級のポストとして三人の政策統括官が置かれた。当初、政策統括官に任命されたのが、予算編成の基本方針などを所管する「運営担当」の小林勇造、財政問題などを担う「経済社会システム担当」の坂篤郎、「景気判断・政策分析担当」の岩田一政である（二〇〇二年一月に小林は内閣府審議官に昇任、経済産業省製造産業局次長だった小平信因が後任となった）。旧経済企画庁の組織で言えば、運営担当が調整局、経済社会システム担当が総合計画局、景気判断・政策分析担当が調査局に当たる。

諮問会議の事務局を支える岩田政策統括官（内閣府で）

小林は経済企画庁、坂は大蔵省の出身だったが、岩田は東京大学教授からの転身だった。中央省庁再編を機に導入された任期付き任用制度に基づき、大学、企業、シンクタンクなどから内閣府に民間人が登用されていたが、岩田もその一人である。景気判断・政策分析担当の政策統括官への起用は「経済企画庁の官庁エコノミストが担っていた景気分析に外部の視点を取り入れる狙いがあった」という。岩田は東大の前に経済企画庁にいたことがあり、学者でありながら官僚の経験がある。経済企画庁の内実や霞が関の仕組みを知っていることから、経済財政担当相の竹中平蔵が頼みにする「学者官僚」である。

「これをもとに書いてもらえますか」――。小泉政権発足後の二〇〇一年五月、岩田は竹中から一枚のメモを渡された。竹中が小泉に持っていった「七つの改革プログラム」のメモである。

民営化・規制改革プログラム、チャレンジャー支援プログラム、保険機能強化プログラム、知的資産倍増プログラム、生活維新プログラム、地方自立・活性化プログラム、財政改革プログラム……。経済財政諮問会議がまとめた骨太の方針の総論「新世紀維新が目指すもの――日本経済の再生シナリオ」には七つのプログラムが列挙されているが、竹中メモをベースに総論部分の原案を書いたのが岩田である。

改革の説明に奔走

岩田の主な仕事は経済財政諮問会議の事務局として竹中や経済財政諮問会議の議員をサポートし、各省庁との調整役を果たすことと、月例経済報告をはじめとする政府の景気判断をとりまとめることである。骨太の方針の策定では、五月末から六月下旬にかけて、原案の文章に注文をつける各省庁との調整に追われる一方、竹中とともに自民党政調会の正副会長、各部会長の合同会議などに何度も足を運び、方針の説明に努めた。

骨太の方針は、国と地方の関係について「個性ある地方の競争」や「地方自治体の自立」を訴え、社会保障制度についても持続的な制度とするために医療・年金制度の効率化を進める方針を前面に打ち出していた。こうした記述が自民党議員を刺激したのか、会議では「地方を切り捨てるのか」「地方の競争とは何だ」「中央からの金を削るだけではないのか」「医療を市場原理で論じるのはいかがなものか」「社会福祉の効率化だけを言うのはけしからん」「そもそも、この方針は自民党の立党の精神に反している」といった厳しい意見が相次ぎ、岩田は罵声を浴びせられた。

六月下旬、骨太の方針が発表された直後に岩田は米国に旅立った。小泉の訪米に先立ち、米国政府に骨太の方針を説明するため特使として派遣された慶応大学教授の島田晴雄に同行したのである。米国では財務省、大統領経済諮問委員会（CEA）、連邦準備理事会（FRB）などを訪問したほか、シンクタンクのエコノミストにも会った。米国の政府高官やエコノミストは一様に骨太の方針がうたう構造改革を支持したが、実行するフレームワークがはっきりしないことと、不良債権問題に関する日本の認識に懸念を示したという。

論点明確に

二〇〇一年八月十日に開かれた月例経済報告の関係閣僚会議。

「世界経済は日米欧が同時減速の様相を呈している。日本、米国、ユーロ圏のいずれも国内需要の伸びが今年第一四半期に前年比年率で一％未満にまで低下している。米FRBも欧州中央銀行（ECB）も近く利下げに踏み切る可能性がある」

「日本の景気はさらに悪化している。第二四半期に入り、すべての項目が第一四半期より悪くなっている。民間シンクタンクの予想では二〇〇一年度の成長率は〇％となっているが、第二四半期は〇％を下回るのではないか」

岩田が報告の説明をすると、自民党幹事長の山崎拓と政調会長の麻生太郎が日銀総裁の速水優に向かって「日銀はどう考えているのか。金融政策はどうなるのか」と迫り、日銀の金融政策をめぐって議論が白熱した。

この会議は月一回の月例経済報告の発表に合わせ開かれるが、東京都知事の石原慎太郎が閣僚時代に「居眠りしたくなる」と言った会議で、月例経済報告を聞くだけの形式的なものだった。だが、岩田が報告役になってから、議論が盛り上がるようになった。岩田は外相として出席していた田中真紀子からも「あなたの説明はクリアね」と声をかけられたという。

会議には財務相、経済産業相、外相、官房長官、与党の幹事長、政調会長らが出席する。まず経済財政担当相の竹中が概略を報告。岩田が景気動向、日銀総裁の速水が金融についてそれぞれ七分程度の説明を行い、この後、質疑応答・議論になる。五十分くらいの会議だが、議論が活発なため、いつも時間が足りない感じだという。

岩田は「日本の経済政策を担う人たちが一堂に会す場。対策を論議するところではないが、経済に関する具体的な事柄について認識を共有する重要な会議だ。閣僚と与党が活発に議論し合うための素材を提供するとともに、論点を明確にしてプレゼンテーションするよう努めている」と話す。八月十日の会議でも、日本と同時に欧米景気が減速していることを報告、欧米に利下げの可能性があることに触れ、日本の金融政策についての議論を喚起したのである。もちろん、岩田は経済の状況を説明するだけで政策提言をするわけではない。だが、論点が明確なのでおのずと議論が政策の話に向かっていくのである。

月例経済報告の内容も二〇〇一年二月から約四十年ぶりに大幅に変えた。景気の現状を示す基調判断の文言を一言で分かるように簡潔にし、その背景説明を詳しくした。岩田は「これまでの月例報告の文章は一般の人には分かりにくかった」と言う。景気判断と政策分析が担当の岩田は「景気を的確に判断するとともに分かりやすく発表し、大きな変化があった時は、議論し対応策を考えるよう促すことが私の仕事」と話す。

もっとも、分かりやすく景気の現状を伝えるという岩田の姿勢が周囲の誤解で裏目に出て混乱を招いたこともあった。

情報漏えいの騒動

二〇〇一年四―六月期の国内総生産（GDP）成長率が発表される三日前に開かれた九月四日の与党政策責任者会議。会議に出席した岩田は四―六月期のGDP成長率について、民間シンクタンクの予想を紹介して「二六社の平均は前期比〇・九％減、マイナスの数字が大きい下位三社の平均で一・二％減。私個人としては厳しい見方をしている」と述べたが、この発言がある与党幹部を通じて流され、「成長率はマイナス一・二％」との数字が独り歩きしてしまった。GDPの発表直前だっただけに情報漏えいではないかとの疑惑まで取り沙汰される事態となった。

GDP統計を担当しているのは内閣府の経済社会総合研究所で、岩田は事前に数字を知る立場にはない。実際、九月七日に発表された四―六月期のGDP成長率は前期比〇・八％減だった。

ただ、景気の悪化が進む中、成長率の数字が大きな注目を集めていた時期だけに内閣府で景気判断を担当する岩田の発言が大きくクローズアップされる結果になった。この騒ぎに責任を感じた岩田は一時、政策統括官を辞める決意までしたという。これをきっかけに内閣府では「誤解を招かないために今後は必要なものだけに情報発信を制限した方がいい」との声も上がったが、それでは景気の現状を国民に広く伝えるという趣旨とは逆行してしまう。もともと景気判断は政治情勢の影響を受けてきた面がある。景気の動向を分かりやすく伝えることの難しさが改めて浮き彫りになったケースと言えるだろう。

様変わりの古巣

岩田は一九四六年、東京生まれ。一九七〇年に東京大学教養学部を卒業した。卒業の際、大学院に進むことも考えたが、当時は大学紛争真っ盛り。大学院も占拠され、授業どころではなかった。経済白書を書いてみたいという気持ちや大学で研究するのと近い仕事ができるのではないかとの思いで、経済企画庁に入った。

企画庁ではドイツやオーストラリアへの留学や経済協力開発機構（ＯＥＣＤ）への出向など海外での研究や仕事を経験。国内勤務では企画庁の経済研究所の主任研究官を務めたほか、調査局で念願かなって経済白書の統括補佐の仕事もした。一九八六年、東大から来てほしいとの要請があり、助教授として二年間の予定で出向する。だが、もともと学者志向。東大で引き留められると、そのまま残ることを決意した。教養学部の助教授を経て教養学部、大学院総合文化研究科、経済学研究科の教授を務めた。専門は国際経済、経済統計学、経済政策である。

十五年ぶりに戻った古巣は様変わり。中央省庁再編で経済企画庁は内閣府に変わり、経済財政諮問会議を中心に首相主導の政策決定プロセスが動き出そうとしていた。かつての企画庁は調査局、調整局、総合計画局という庁内の組織の壁も高かったが、現在の内閣府は経済財政諮問会議の事務局として三つの組織が一体となって動いている。ましてや経済財政諮問会議の下で予算編成の基本方針に関わることなど、以前なら想像もできなかった。

企画庁時代の霞が関の経験から、岩田は日本の官僚は余りにも政策運営に踏み込み過ぎだし、政治家は官僚任せだと感じていた。また首相主導・内閣主導ではなく、与党主導という形で政治家が政策運営に首を突っ込む構図も不自然だと思っていた。その意味で現在の首相主導の政策決定プロセスこそ本来の姿だと思う。諮問会議の事務局を務めていると、自民党など与党の反発を肌で感じる。骨太の方針を自民党に説明に行った際、罵声を浴びせられたのは、その内容もさることながら、政策決定プロセスを変えたことへの怒りだと思わざるを得ない。戦後の日本の政策運営から見れば、現在の諮問会議を軸にした首相主導の運営は大きな実験と言える。「内閣府において実験に参加できるのは幸運なこと」と岩田は言う。

二〇〇一年一月、内閣府の政策統括官に就任してから、土日の出勤も多く、息つく間もなく働いてきた岩田だが、八月中旬には短い夏休みをとり、得意の合気道で久しぶりに健康的な汗をかいた。九月から次の大きな仕事として、省庁再編後では最初となる経済白書のとりまとめの作業が待っていた。

日本版予算教書目指す

岩田はこの白書作成にあたり、大きな思いがあった。というのも、これまで白書は省庁の縦割りの壁に阻まれ、極めて限定的な記述しかできなかったからだ。書けるのは、経済構造の変化の分析など過去のことばかりで、今後の経済政策のあり方や税制・財政などについて触れることはできなかった。だが、経済企画庁から変わった内閣府は各省庁の上に位置し、総合調整機能を持つ。内閣府は経済財政諮問会議の事務局でもあるから、同会議が決めたことについては白書に盛り込むことが可能だ、と岩田は考えていた。

新しい白書は「骨太の方針をベースに日本を今後どういう方向に導くか真正面から議論するものにする」というのが岩田の考えだった。経済財政諮問会議は予算編成の基本方針を決める権限を持っているから、予算についても触れる。岩田は米国の大統領経済報告と予算教書を兼ねたものにしたいと思った。ところが、経済白書作成の作業は、省庁再編や小泉政権の発足後も、各省庁の頭の中が従来と全く変わっていないことを改めて浮き彫りにしたのである。

白書は財政についても分析することを明確に示すため、経済財政白書（正式には年次経済財政報告）と「財政」の二文字が新たに加わることになった。また小泉構造改革の方針を示すため、副題には「改革なくして成長なし」との小泉政権のスローガンが付けられた。だが、白書の作成作業は九月末から十月にかけて三週間ほど、止まってしまった。というのも、白書の記述をめぐり様々な省庁が注文をつけてきたからである。

他の省庁との攻防で大きな焦点になったのは、「地方財政」についてのくだりである。白書では骨太の方針の記述に沿って地方交付税制度の問題点を指摘したが、これに総務省が猛反発した。「骨太の方針に沿って書いている」と説明しても、総務省は「そもそも骨太の方針の記述自体が認められない」と抵抗する。一方、国の税財源の地方への移譲に言及すると、今度は財務省が黙っていない。税財源移譲について財務省は「一言でも書いてはいけない」と強硬だ。そもそも財務省は白書に「財政」の文言が入ること自体に反対だったという。

結局、骨太の方針策定の時と同様、妥協が図られ、地方財政に関する記述は趣旨の骨格は残ったものの、表現がトーンダウンし、あいまいな文章に変えられた。とはいえ、経済財政白書は、日銀にデフレ圧力緩和のため一段の量的緩和やインフレ目標と同様の効果をもつ「物価安定数値目標」の導入の検討を求め、財政についても現在の状況が続けば将来は破たんすると警告するなど、従来より政策に踏み込んだ内容になった。

岩田は経済財政白書の作成過程を振り返って「首相や経済財政諮問会議の後ろ盾があったので、何とか表現したいこととの骨格は残ったが、官僚たちの意識の遅れは相当なものだ。省益にこだわる官僚は全体像が見えないだけでなく、それぞれの持ち場においても歪んだ対応をとっている。首相のリーダーシップの下で既得権益にとらわれず純粋に経済政策を論じていくことが経済学者の役目」と語る。

「学者の論理」で風穴開く

大村敬一

OMURA KEIICHI

改革の「痛み」を試算

二〇〇一年一月の中央省庁再編に伴い、内閣府に民間から多数の人材が採用されたが、経済学者は米エール大学教授から経済社会総合研究所の所長に就任した浜田宏一、同研究所の総括政策研究官になった東大教授の井堀利宏、政策統括官の岩田一政、早稲田大学教授から転身した官房審議官(局次長級)の大村敬一、慶応義塾大学出身で参事官(課長級)になった塩沢修平の五人である。浜田と井堀は研究所だが、岩田、大村、塩沢の三人は普通の役人と全く変わらない仕事をする。大村は景気判断・政策分析担当の政策統括官である岩田の下で経済財政諮問会議の事務局的な業務や景気分析を担っている。

景気分析で大村が主に担当するのは景気ウォッチャー調査や産業動向調査。このほか、経済財

大村内閣府官房審議官

政諮問会議の論議に合わせ必要に応じて設置されるプロジェクトチームの事務局も務めている。大村の専門は金融、証券市場。その知識を買われて最初に担当したのが証券市場活性化のプロジェクトチーム。続いて「バランスシート調整の影響等に関する検討プロジェクト」を任された。このプロジェクトは諮問会議の骨太の方針策定作業に並行して、金融機関の不良債権処理の影響を分析するのが目的だった。

当時、不良債権の処理を迅速に進めるべきだとの意見が高まっていたが、実際に処理をした場合にどれだけの「痛み」が生じるのか、世の中の大きな関心が集まっていた。民間のシンクタンクが不良債権処理に伴って発生する失業者の数などを試算して発表していたことから、政府の見解を求める声が強まっていた。できれば六月中にまとめる骨太の方針と同時に試算を発表したいとの思いから、経済財政担当相の竹中平蔵の指示で五月中旬にチーム結成が決まった。プロジェクトチームのメンバーは、東大教授の西村清彦を座長に、慶応大学教授の池尾和人、深尾光洋、樋口美雄、横浜市立大学助教授の随清遠、学習院大学教授の玄田有史、公認会計士の樫谷隆夫らの専門家が選ばれ、五月二九日には第一回の会合が開かれた。このプロジェクトの事務局を務めた大村は、思わぬ苦労を強いられることになった。

ホームページで情報収集

プロジェクトチームでは、主要十六行の破たん懸念先以下の債権十二兆七、〇〇〇億円の最終処理によってどのくらいの失業者が出るかを試算することになった。過去の破たん企業の財務データなどをもとに、主要行が不良債権を抱える貸し出し先の企業が倒産した場合の影響を調べるのである。それには融資先の企業の規模や業種、地域別の内訳などのデータが必要だった。

「銀行からは検査のために資料をもらっている。それ以外の目的で資料を出すことはできない」――。大村が金融庁に対し、資料の提出を求めると、対応は冷ややかだった。「生データは出せない。公務員の守秘義務もある」と抵抗する金融庁の担当者に、「生データをそのままではなく、整理した資料をくれないか」と頼むと、「まだデータの整理・分析はしていない」との返事が戻ってきた。

何度も掛け合い、業種に関する資料はもらえることになったが、届いたのは報告書をまとめる直前だったという。プロジェクトチームのメンバーは銀行のホームページから限られたデータを集めて作業を進めた。内閣府は六月末に主要行の破たん懸念先以下の債権の最終処理を二年以内にすると、職を変えなくてはならなくなる失職者の数は三九万―六十万人、失業者は十三万―十九万人と発表したが、この推計数字は金融庁が行った検査によって得られた十分なデータをもとに算出されたものではなかったのである。

このプロジェクトチームには金融庁もオブザーバーとして課長クラスの職員を送り込んでいたが、不良債権が増えた原因の分析や今後の対応策についての報告書の記述には、事細かく修正を求められたという。西村らチームのメンバーは、金融庁と激しい議論を繰り広げた。大村はこの時を振り返って、「金融庁には最初から協力しようなんて気はなかった。資料を提供するどころか、金融庁の責任を問われないよう、報告書の表現のチェックだけをしていたという感じだった」と語る。

金融庁に抗議の意示す

金融庁の対応には、西村をはじめとするプロジェクトチームのメンバーも不信感を抱いた。大村は金融庁への抗議の意を示すため、報告書の中に「本プロジェクトにおける不良債権問題の実態把握と不良債権の最終処理のインパクト分析は、現在、内閣府において利用可能な情報を活用したものであるが、これらの分析に際し、各省庁からの不十分な情報入手で満足しなければならなかったことは明らかにしておくべきであろう」との一文をわざわざ盛り込んでいる。

大村らの憤りに対し、金融庁の担当者は「金融庁の銀行に対する監督権限は限定的。財務上の問題や経営の健全性の観点から監督しているのであり、金融庁が銀行に対し絶対君主のように振舞うことなんてできない。何でも金融庁に頼むのではなく、試算をするというなら内閣府が自ら調べたらいい」と突き放す。役所の外部から来た大村には、この省庁の縦割りの壁が理解できない。不良債権問題が日本経済の最大の問題になっており、本来、国を挙げて取り組まなくてはいけないのに、「内閣府がどうの、金融庁がどうのと言っている場合か」という素朴な疑問がわく。大村は言う。「役所には役所のルールがあるのかもしれないが、学者の常識では理解できない」

内閣府は旧経済企画庁、金融庁は旧大蔵省から生まれた組織だ。「企画庁にそんなことを言われる覚えはない」というのが金融庁の発想だろう、と大村は思った。逆に言えば、昔の企画庁なら、不良債権処理の影響についての報告書は出せなかったとの思いもある。ましてや昔の審議会なら、学者の意見も軽く扱われていたかもしれない。確かにもっと十分な資料があれば、より正確な試算ができたとの思いはあるが、金融庁の抵抗に遭いながらも、学者たちが徹底的に議論し、その結果を報告書に盛り込んだという意味では一歩前進だったと思っている。

修正された報告書

「諮問会議の下に、経済動向分析・検討チームをつくり、アイデアを総動員して的確な経済の判断と必要な対策を考えていきたい」——七月中旬、竹中の発案で民間のエコノミストや市場関係者を集めて景気や金融市場などの動向を探る経済動向分析・検討チームが設置されることになった。このチームは経済財政諮問会議の民間議員である牛尾治朗、本間正明が主宰し、海外経済、日本の景気、金融市場、労働市場、住宅・土地市場、情報技術（IT）関連市場の六つのテーマごとに五―二十人、全体で約八十人からヒアリングをした。

不良債権問題に続いて、大村はこの経済動向分析・検討チームの事務局を運営することになった。八月に八回の会合を開き、ヒアリングの結果をまとめて諮問会議に報告することになっていたが、その報告書を提出前に見せてほしいと金融庁から申し出があった。民間のエコノミストや市場関係者の発言だけに、日本経済への厳しい認識や政府に対する忌憚のない意見や批判が随所にあった。それが金融庁を刺激した。

例えば、報告書には「金融市場での日本の国際的信頼は今や新興国並みに落ちている」との市場関係者の見方がそのまま載せられていたが、金融庁は削除を求めた。そもそも、このチームの役割は、政府が見落としがちであった民間の視点や市場の声を率直に聞いて政府の景気動向の的確な把握や政策運営に生かすことにある。しかも、報告書は政府の公式見解を書いたものではなく、民間の声をまとめたものに過ぎない。「不都合も何もないだろう」と大村は思ったが、金融庁の担当者から「正しい認識とは言えない。こんな記述が載っていると政府の責任になりますよ」と脅かされた。

結局、金融庁とのやり取りで報告書は部分的に修正された上、「本報告は、参考資料として添付した議事概要を含め、その内容については政府としての見解を示すものではない」との但し書きが添えられた。

「世間の常識」武器に

大村は一九四九年、横浜生まれ。慶応大学商学部に進み、一九七二年に卒業、一九八一年に慶応大学経済学研究科博士課程を修了した。法政大学で経済学部助教授を経て教授に就任、その後、早稲田大学に移り、商学部教授になった。法政大学助教授時代の一九八八年から八九年にかけて一年間ほど、日本長期信用銀行（現新生銀行）に勤務した経験もある。資金為替部で副部長待遇の主任研究員となり、週二回勤め、ディーリング業務を担当し、商品企画などの仕事をしていた。金融・証券市場が専門の大村は、現場の雰囲気を知ったことで大いに勉強になったという。

こうした現場経験があるだけに、大村は現実の生きた経済を無視した日本の経済学者のあり方に、以前から疑問を感じていた。米国では学者が専門知識を生かし、学界、産業界、政界、官界の垣根を超えて縦横無尽に仕事をする。だが、日本では長い間、経済学者が政権に関わったり、政策を評論することがタブー視されていた。日本の経済学者は政策決定に役立ちたいという意識が希薄で、細分化された分野だけを得意とする「職人的な」研究者ばかりだとの思いがあった。

それだけに内閣府で働くことは政策現場を知り、自分の知識・経験を活用できる格好の機会だったわけだが、余りに流儀の違う官僚の世界には違和感を覚えた。大村の眼には官僚が縦割りの壁に閉じこもり、権益維持に汲々とし、常に責任回避をしているように映る。報告書を書いたり、政策のリストを作成したりするのは得意だが、国会やマスコミに対し整合的な回答ができるようにしているだけで、真に問題の解決を考えているようには見えない。

そもそも、役所には学者を本気で活用しようという気があるとは思えない。挫折感は深いが、大学で宙に浮いた議論をしているより、現実に関わっているという確かな手ごたえはある。大村は内閣府にいる間は「世間の常識」と「学者の論理」を武器に、硬直化した官僚機構に少しでも風穴を開けていきたいと思う。大村ら任期付き任用制度で官庁に来た民間人の任期は二年。二〇〇三年一月には内閣府を去ることになるが、大学に戻った後も、この経験が必ず役に立つと感じている。

縦割りの壁に挑む

塩沢修平

SHIOZAWA SYUHEI

期待から失望へ

慶応義塾大学から内閣府に登用されたのが、経済学部教授だった塩沢修平である。塩沢は国際経済担当の参事官。経済協力開発機構（ＯＥＣＤ）やアジア太平洋経済協力会議（ＡＰＥＣ）などの国際会議に、内閣府を代表するメンバーの一員として参加する。外務省、財務省、農林水産省、経済産業省など他の省庁との調整、意見のすり合わせをすることも重要な仕事だ。

二〇〇〇年秋、内閣府に行く話を最初に聞いた時、塩沢は研究所に来てくれという話かと思った。だが、実際に与えられたポストは参事官で、普通の役人と同じように仕事をすることを求められた。塩沢はもともと、政府の意思決定の一部に学者の発想が取り入れられることがあってもいいと考えていた。政策を担う現場に期待感を持ってやって来たが、理想と現実は違った。国際会議などの場では、確かに学問的な議論が通じる。しかし、会議の準備のために行う国内での他省庁との調整に大きなエネルギーを費やさなくてはいけない。塩沢の期待は次第に失望に変わった。

幻の総合調整機能

「税制に関するくだりは削除した方がいい」——。二〇〇一年八月下旬に中国・大連で開かれたAPEC経済委員会への出席を前に、塩沢は財務省の担当者から会議での発表文書について注文を付けられた。会議での主要議題はアジアでの起業家の育成策。塩沢は日本が起業家育成のため何をしているのか、今後どんな対策をとろうとしているかなどについて文書にまとめた。この文書は会議の前に財務省、外務省、厚生労働省、経済産業省などの関係官庁に配られていたが、起業家育成のための税制面での支援策に言及した箇所が財務省から問題にされた。

「国内で合意のできていない問題だ。各国に誤解を与える恐れがある」というのが財務省の主張だ。しかし、経済財政諮問会議がまとめた骨太の方針は、七つの改革プログラムの一つとして「チャレンジャー支援」をうたっている。そこには「個人の潜在力を十分に発揮させるために、個人の意欲を阻害しない『頑張りがいのある社会システム』を構築する。このため、従来の預貯金中心の貯蓄優遇から株式投資などの投資優遇へという金融のあり方の切り替えや起業・創業の重要性を踏まえ、税制を含めた諸制度のあり方を検討する」と明記されていた。骨太の方針は閣議で承認され、政府の方針になっている。塩沢はこの点を主張し、財務省の要求通りにはしなかった。

塩沢は様々な国際会議に出席するが、そこで発表する文書は必ず各省庁のチェックを受ける。こうした経験を通じて感じるのは、官僚は言質をとられることを極端に嫌うということである。官僚と意見調整していると、足して二で割るような決着になり、非常にあいまいな文章に変わる。論点が不明確になり、対外的に日本の考えを打ち出すには不十分なものになってしまうのだ。

「二〇〇一年一月の中央省庁再編の目玉として誕生した内閣府は、総合調整機能を持つことになっている。だが、総合調整機能とは名ばかりで、内閣府に権限はなく、各省庁の縦割りの壁は依然高い」と塩沢は言う。

各省庁がチェック

二〇〇一年四月、ネギ、シイタケなどの中国産農産物への緊急輸入制限措置（セーフガード）が議論になった時、塩沢は当時、経済財政担当相だった麻生太郎への資料提出を求められた。だが、塩沢に与えられたテーマは、「セーフガードを発動した場合の国内物価への影響」だけだった。一部の産業を保護することの是非、発動した場合の中国の報復をどう考えるかなど、塩沢にはこの問題で発言したいことが山ほどあったが、権限は限られていた。この時、塩沢は官僚が省庁の縦割りの壁を超えて発言するのがいかに難しいかを思い知らされた。

その後も塩沢のフラストレーションは続く。二〇〇一年十月にパリのOECD本部で開かれたOECD対日審査会合。この時も調整役として苦労した。会合の前にOECD事務局が送ってきた対日審査報告案を各省庁に配布し、事実誤認がないかどうかチェックしてもらい、意見を集約してOECD事務局と折衝するというやっかいな作業をしなくてはならなかったのである。

事務局案は、財務省、農林水産省、経済産業省、総務省、厚生労働省、国土交通省など関係官庁に配られた。OECDは対日審査報告で日本の構造改革について分析していたが、郵便貯金、公共事業、農業、医療などの問題はOECD事務局と日本の省庁との間で意見の食い違いがあった。例えば、郵便貯金の存在意義についてはOECD事務局が「郵貯などの政府系金融機関が日本の金融市場を歪めている」との立場なのに対し、総務省は「全国誰でもアクセスできる郵便局のような機関は民間では無理」と主張、双方の見解が対立していた。

塩沢ら内閣府の担当者はOECD事務局と日本の各省庁の間に立って、パリに行ってからも調整作業に追われた。内閣府に真の総合調整機能はなく、双方の妥協点を探る仕事になる。どうしても妥協点が見つからない場合は、双方の言い分を残し、足して二で割るような決着を図らざるを得ない。

個人よりシステムに問題

調整作業を通じ、どの省庁のどこの部署が構造改革に反対しているかがよく分かった。構造改革に総論では賛成していても、各論になると各省庁の抵抗はすさまじい。ＯＥＣＤの見解は強制力を持っているわけではないのに、ここまで反応するのかと驚かされた。塩沢から見ると、ＯＥＣＤの意見の方が、皮肉なことに小泉構造改革に近い。経済財政諮問会議の事務局である内閣府で仕事をしながら、国際会議の場で構造改革の方針を明確に打ち出せず、一字一句にこだわる各省庁との調整にエネルギーと神経を使わざるを得ないことに虚しさを覚えた。

塩沢は一九五五年に東京で生まれた。慶応大学経済学部を卒業、同大学大学院で修士課程を修了し、米ミネソタ大学に留学、経済学博士号を取得。帰国後、慶応大学経済学部助教授を経て教授に就任した。専門は金融論。非営利組織（ＮＰＯ）にも関心を持ち、日本ＮＰＯ学会の理事も務めている。

塩沢は内閣府に来て「日本の意思決定メカニズムがよく分かった。どこに問題があるのか理解が深まった」と言う。日本の官僚システムは縦割りで総合調整機能が働かず、個々ばらばらの政策が生まれる。社会情勢の変化に官僚機構が対応できていない。個々の役人が問題というよりもシステムの問題だ、と思う。内閣府を去り、大学に戻ったら、官僚を生かせるようなシステム作りを考え、政策提言することを新しい仕事にしたいと考えている。

第3章

苦悩する金融政策の現場

植田和男

「現実」との闘争

UEDA KAZUO

日銀法改正で登板

二〇〇一年の中央省庁再編後、経済学者が相次いで行政の現場に登場したが、一九九八年四月に新法が施行された日本銀行では、一足早く政策決定の現場に学者が進出していた。その一人が、東京大学経済学部教授から日銀政策委員会審議委員に転身した植田和男である。

旧日銀法では、政策委員会の定員について総裁を含めて七人（うち議決権を持つのは五人）と定めていたが、改正日銀法では、政策委員会の定員を執行部三人（総裁と二人の副総裁）と審議委員六人の合計九人（全員が議決権を保有）に変えた。審議委員の資格についても「経済または金融に関して高い識見を有する者、その他の学識経験のある者」としているだけで、従来よりも幅広い人材の登用が可能になった。「開かれ、独立した日銀」にふさわしい清新な人材が求められ、これまで委員の大半を占めていた官僚ＯＢではなく、女性有識者も含め、産業界、学界、金融界などから人選が進められた。

植田は金融が専門。大蔵省の財政金融研究所の主任研究官や、蔵相の諮問機関である金融制度調査会のメンバーを務めた実績があり、日銀の調査統計局や金融研究所で講義もしていた。就任当時はまだ四六歳だったが、金融に関する知識と実績を買われての起用だった。だが、日本経済が深刻な停滞に陥っている時期に金融政策の舵取りをすることになった植田にとって、日銀での日々は「まさに闘いの連続だった」という。

市場の怖さ実感

一九九九年七月一日、植田の鹿児島への出張は気の重い旅になった。前日の六月三十日、衆院大蔵委員会に出席した日銀総裁の速水優が「ゼロ金利政策は異常事態。いつまでも続けていくものではない。市場と実体経済を見ながら次の政策を考えていきたい」などと発言、市場がこの発言に日銀のゼロ金利政策解除の意図を読み、長期金利が急上昇していた。鹿児島では地元経済人との懇談会があり、その後、記者会見がセットされていたのである。

デフレ懸念が強まる中、日銀はこの年の二月から政策金利である無担保コール翌日物金利をゼロ近辺に誘導する異例の「ゼロ金利」政策をとっていた。ゼロ金利政策は「デフレ懸念が払拭されるという展望が開けるまで」続けられることになっていたが、速水は発言の中でその時期が来たと明言したわけではなかった。速水の話はあくまで一般論だったが、当時景気が上向き始めていたこともあり、市場は日銀が利上げの方向に金融政策のスタンスを変えたと受け止めたのである。

植田には火消し役が期待されていた。「誤解ですよ」と単純に否定しても、市場は納得しない。経済的な論理を明確に打ち出して説得しないと、市場を沈静化できない。懇談会終了後の記者会見では予想通り、記者から次々に質問が飛んだ。

記者「昨日の国会で総裁が景気の認識として『はっきりと』という言葉を付け、はっきりと下げ止まっているという認識の発言をしたが……」

植田「景気認識が下げ止まりという判断から、さらにプラスの方向に強く進んだという状態にはないと私は判断している」

記者「本日の懇談会でのスピーチ原稿には現状の景気判断についての記述がなく、付け加えられる形で話をされたが、その狙いは何か」

植田「講演原稿ではゼロ金利政策をデフレ懸念があるので続けると主張しているが、その根拠となる景気の判断が十分に書かれていないように思われたので、付け加えた。講演で話したように、景気は中長期的にはまだまだ不安感が残る」

記者「昨日の総裁の発言で、国債市場ではゼロ金利がそろそろ終わりに近づき、金利を上げる方向になるのではないかとの思惑が広がったが、この点をどのように考えるか」

植田「総裁は、平時であればそれに合った金融政策が望ましいが、現在は平時ではないのでそ

日銀政策委員会の植田審議委員

れにふさわしいゼロ金利政策を続けるのがわれわれの意図であるというふうにおっしゃったのだと思う。しかし前段の部分だけが引用された結果、市場が過剰反応したのだと思う」

冷や汗の連続だったが、何とか無難に切り抜けた。植田の説明に市場も納得したのか、その後、長期金利は急低下した。この時、植田はマーケットの怖さを痛感したという。

ゼロ金利解除に反対

ゼロ金利政策は一年半続くが、二〇〇〇年八月十一日の金融政策決定会合で解除された。この時も植田は厳しい判断を迫られた。総裁の速水は政策決定会合の直前、国会での答弁で「デフレ懸念の払拭は展望できた」と発言、ゼロ金利政策解除に向けた地ならしをしていた。

政策決定会合では七月に大手百貨店そごうが経営

破たんした影響などについて議論が行われ、「金融システムに対する懸念は広がっていない」との認識でほぼ一致した。雇用・所得環境についても「改善に向かっている」との分析が示され、足元の株価下落に関しても「ハイテク株調整の影響によるもの」と多くの委員が指摘、景気は回復しつつあるとの見方が大勢を占めた。流れが固まったところで速水がゼロ金利解除の提案をした。これに対し政府側出席者は、雇用・所得環境は依然厳しく、金融機関の不良債権問題など経済の先行きに懸念があるとしてゼロ金利解除の議決を延期するよう請求したが、この請求は一対八で否決された。こうしてゼロ金利解除の採決が行われ、七対二の賛成多数で可決された。

反対した委員の一人は、かねて金融の量的緩和を求めていた元東燃社長の中原伸之だった。もう一人が植田である。この時の判断について植田は「景気が多少良くなっているというデータがあったが、あの程度の景気上昇では足元のインフレ率から見て、解除する必要はないと思った。ゼロ金利を解除するコストの方が続けるコストより大きいからだ。株価も下落していた。株式市場の景気に対する先見性からして足元の景気がいいという見方自体があやしいと感じた」と話す。

植田は九月の会合では一転、前月の決定に賛成する。危惧の念はあった。だが、それ以外の選択肢はなかった。というのも、一度決めた政策をすぐに撤回したら、日銀への信頼は大きく揺らぐからだ。植田は賛成しなかったが、日銀は八月にゼロ金利を解除し、幸いにも市場に大きな混乱は起きなかった。八月に利上げして九月に下げるのでは、市場の理解は得られない。大きな状況の変化がない限り、しばらくは政策を継続するのがベストの選択だった。「ファーストベストではないが、セカンドベストの選択だった」と振り返る。

無担保コール翌日物金利の推移

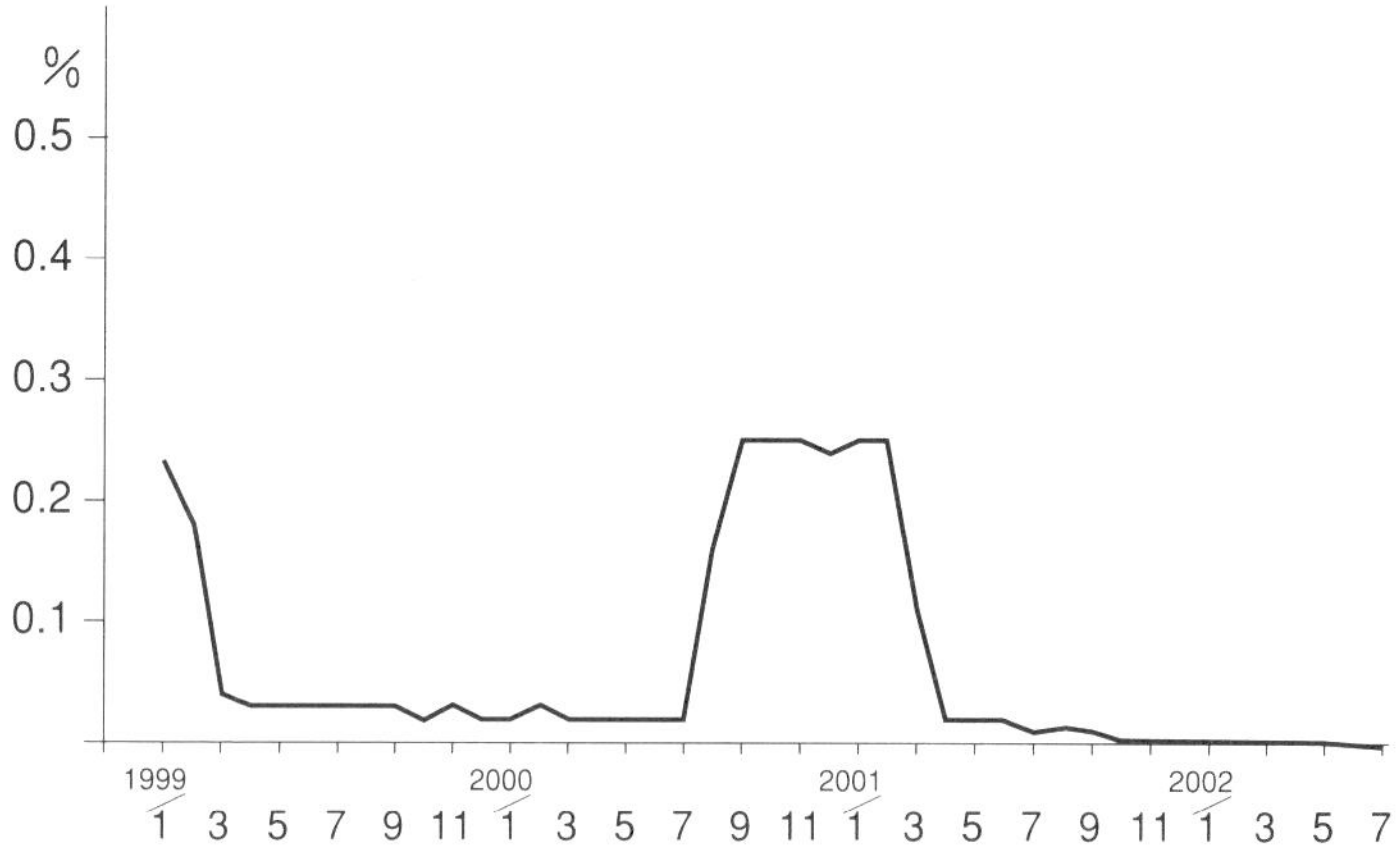

踏み出した量的緩和

だが、植田の危惧の念は次第に現実のものとなる。その後、年明け早々、ハイテクを中心に米国景気の急減速が鮮明になり、その影響は日本にも及び、景気回復のシナリオは崩れかかっていた。

危機感が高まった二月九日の政策決定会合では、金融緩和をめぐって激しい議論が展開された。景気の状況が深刻だと思った植田は大きな効果の上がる思い切った手を打つべきだと考えていた。まず執行部から、市場における不測の資金需要に対応するため、金融機関の要請に応じて日銀が公定歩合で資金を貸し出す「ロンバート型」と呼ばれる新型貸出制度について説明があった。速水の提案で採決にかけられ、賛成多数で導入が決まった。

ロンバート型貸出制度は、欧州通貨統合前のドイツ連邦銀行や現在の欧州中央銀行が導入している金融調節の方法で、決算期末を控え銀行の資金需要が高まった時に低金利で資金調達できるよう配慮した政策だった。

続いてゼロ金利から〇・二五％に引き上げられていた無担保コール翌日物金利の誘導目標をどうするか議論になったが、委員の大勢は「景気の情勢は緩やかな回復というシナリオを変更するまでには至っておらず、ゼロ金利復活を考えるような状況ではない」との判断だった。ただ、景気の下振れリスクを考慮して何らかの金融緩和措置をとるべきだとの認識では一致した。

そこで公定歩合の引き下げ案が浮上した。植田をはじめ数人の委員が無担保コール翌日金利も同時に引き下げた方が効果的だと主張したが、採決の結果、翌日物金利の引き下げは見送られ、公定歩合だけを〇・一五％引き下げ、〇・三五％にすることが決まった。日銀は一九九五年に金融政策運営の中心的役割を公定歩合から無担保コール翌日物金利に切り替えており、公定歩合の引き下げは実に五年五カ月ぶりだった。

だが、その後も株価の下落が続き、景気動向が厳しさを増していることが鮮明になってきた。こうして次の二月二八日の政策決定会合でも金融緩和が議論されることになった。委員の一部からは「一気にゼロ金利に戻すべきだ」との声が上がり、激論になった。だが、「すぐにゼロ金利に戻しても効果は限定的」との声も上がり、速水の提案で無担保コール翌日物金利の誘導目標を〇・二五％から〇・一五％に引き下げることが採決にかけられ、賛成多数で可決された。同時に公定歩合もさらに〇・一％引き下げ、〇・二五％にすることが決まった。

金融緩和路線はさらに続く。輸出や生産の減少、物価の下落を受けて、デフレスパイラルの懸念も高まっていた。もともと二〇〇〇年八月の日銀のゼロ金利解除には時期尚早として政府や経済界、エコノミストの間で反対論があった。それだけに日銀への風当たりは強く、金融緩和を求める圧力が高まった。三月十九日に開いた政策決定会合で、日銀はついに、これまで慎重だった量的緩和策に踏み切ったのである。

会合では、「当座預金の残高を操作目標にし、その量を増やせば、翌日物金利が事実上ゼロ近辺になる」と主張する量的緩和派と、「翌日物金利をゼロに誘導する方が分かりやすい」とするゼロ金利派が議論を戦わせたが、量的緩和派が大勢を占めた。その結果、①金融市場調節の操作目標を無担保コール翌日物金利から日銀の当座預金残高に変更する、②金融の量的緩和を消費者物価指数の前年比上昇率が安定的にゼロ%以上になるまで続ける、③日銀の当座預金残高を一兆円程度積み増し、五兆円に増額する、④長期国債の買い入れ額を増額する——ことが決まった。

速水など日銀執行部はそれまで量的緩和には一貫して慎重な姿勢だった。当初、量的緩和に積極的と見られていた植田も審議委員就任後、次第に立場を修正していた。だが、経済の先行きに不安が高まり、デフレスパイラルの危機が忍び寄る中、何の手も打たないというわけにはいかない。量的緩和策の導入はまさに日銀にとっても、植田にとっても苦渋の選択だった。

結果責任負う立場

その後も日本経済を取り巻く状況は好転せず、デフレの進行と景気の悪化の中で、二〇〇一年八月、日銀は当座預金残高の目標を五兆円から六兆円に引き上げ、長期国債の買い入れを月四、〇〇〇億円から六、〇〇〇億円に増額する量的緩和の追加措置をとった。米同時多発テロの発生で世界経済に暗雲が立ち込めた九月にも追加措置と公定歩合の〇・一%への引き下げが実施され、その後、十二月にも量的緩和策が拡大された。二〇〇二年二月には、十―十五兆円に設定された当座預金残高目標にかかわらず、流動性需要の増大に応じて潤沢な資金供給を行うことが決定され、長期国債の買い入れも月一兆円にまで増額された。

しかし、日銀が金融市場への資金供給をいくら潤沢にしても、巨額の不良債権を抱えた銀行の金融仲介機能の低下で企業への貸し出しは増えていない。日銀は政府に対し不良債権問題の抜本的解決を求め、総裁の速水が首相の小泉純一郎に銀行への公的資金注入を直訴したが、デフレが続く中、日銀にもさらなる対策を求める声はやまない。異常事態に陥った日本経済の下で日銀は苦しい政策運営を迫られている。

こうした中、日銀に対し繰り返し、その導入を迫る声が上がるのが、インフレ目標政策だ。日銀がインフレ目標を設定してデフレ克服への強い意志を示し、インフレ期待を高めて目標とするインフレ率に誘導するという政策で、慶応大学教授の深尾光洋、学習院大学教授の岩田規久男らが盛んに唱えていた。一時は政府内でも日銀に導入を求める声が強まった。

植田はインフレ目標の導入には懐疑的だ。植田は言う。「インフレ目標を導入すればインフレ期待が高まり、実質金利が下がって支出が刺激される。そんな理屈はある程度経済学を知る者なら誰でも分かる。だが、目標の明示化が目標を達成する手段にもなるというのは一般論としては

日銀の金融政策の推移

1999年２月12日	無担保コール翌日物金利を0.25％からできるだけ低めに誘導するゼロ金利政策の導入
2000年８月11日	無担保コール翌日物金利の誘導目標を0.25％に引き上げ、ゼロ金利政策を解除
2001年２月９日	公定歩合を0.5％から0.35％に引き下げ
２月28日	無担保コール翌日物金利の誘導目標を0.25％から0.15％に引き下げ、公定歩合を0.35％から0.25％に引き下げ
３月19日	当座預金残高の目標を５兆円にする量的緩和策を開始
８月14日	当座預金残高の目標を５兆円から６兆円に引き上げ、長期国債の買い入を月4000億円から月6000億円に増額
９月18日	当座預金残高の目標を６兆円から「６兆円を上回る」に引き上げ、公定歩合を0.25％から0.10％に引き下げ
12月19日	当座預金残高の目標を「６兆円を上回る」から「10―15兆円」に引き上げ、長期国債の買い入れを月6000億円から月8000億円に増額
2002年２月28日	当座預金残高の目標（10―15兆円）にかかわらず、流動性需要の増大に応じ、一層潤沢な資金供給を行う。長期国債の買い入れを月8000億円から１兆円に増額

成り立つが、現実には有効性は極めて低い。というのも、ゼロ金利に象徴されるように通常の金融政策で使う手段はすでに使い尽くした状況だからだ。私も中長期的に少しプラスのインフレ率が望ましいという意見には同意するが、有効な手段がない中で目標を掲げても市場の冷ややかな反応を招くだけで、金融政策への信頼を失わせる。どうしてもインフレにしろと言うなら手段はなくはないが、通常では考えにくい副作用が予想されるものばかりだ。国民の理解が得られるとは思えない」

植田については、日銀の理論的支柱との見方がある一方で、日銀に入ってから考え方が執行部寄りになり、保守的になったとの批判が聞かれる。こうした声に対し、植田は「外部にいて識者として政策について論文を書いたり、アドバイスをしたりすることと、実際に政策担当者として現実に影響を与えるような政策に関わることとの間には大きな違いがある。今は結果責任を負う立場だ」と真っ向から反論する。そして、日銀内部にいる難しさについて、「言動に気をつけなくてはいけないから、思っていることを全部は言えない。また私一人が政策を決めているわけではなく、合議制で決めている。自分が一番良いと思う政策も、多数決で取り入れられないことがある」と語る。

最大の難敵

植田は日銀の審議委員になって以来、経済学の理論をどう金融政策に反映させていくか日々考えてきたという。現実には既存の経済学の知識や理論では説明できない動きが起こる。だが、日銀に来てからの経験では、経済学は予想した以上に金融政策に役立つと感じている。例えば、日銀は一九九九年にゼロ金利政策を導入した時に、「デフレ懸念の払拭が展望できる情勢になるまで続ける」とし、二〇〇一年三月の量的緩和策の導入の際にも、「消費者物価の上昇率が安定的にゼロ％以上になるまで」と時間軸を使うことで政策の効果を高めようとした。時間軸の活用で参考になったのは、米連邦準備理事会（ＦＲＢ）のエコノミストの書いた論文だった。また植田が時間軸について考えたのとほぼ同じことが米プリンストン大学のウッドフォード教授の論文に書かれていた。植田は「経済学の最先端で考えられていることと現実の金融政策には、かなりの共通点がある」と言う。

日銀の審議委員になってから「闘いの連続だった」と言う植田だが、何との、誰との闘いだったのか。政策担当者の発言に敏感に反応する市場、景気対策を求める政治の圧力、外野席で評論するエコノミストや学者の批判、日銀内での他の委員との意見の違い……。中でも最大の難敵は、経済学の常識を超える現実の経済かもしれない。

植田は一九五一年、静岡県生まれ。東京大学理学部数学科に進んだが、大学院では経済学を専攻、米国に留学し、マサチューセッツ工科大学で経済学博士号を取得する。ブリティッシュ・コロンビア大学助教授、大阪大学助教授を経て東大に戻り、助教授を経て教授に就任した。

学生運動世代でもある植田が数学から経済学に専攻を変えた理由は、現実に関わることをしたいとの思いだった。それから三十年。生きた経済という現実が植田に重くのしかかる。

篠塚英子

家計の感覚からの出発

SHINOTSUKA EIKO

ゼロからの勉強

一九九八年四月、植田和男とともに学界から新生・日本銀行の政策委員会のメンバーになったのは、お茶の水女子大学教授の篠塚英子である。話が最初に来た時、篠塚は自分の耳を疑った。一九九七年の秋ごろから、日銀の政策委員会の審議委員が民間から選ばれるということは聞いていた。だが、自分の専門は労働経済学。金融は門外漢だったから、他人事と思っていたのだ。篠塚のところに打診が来たのは一九九八年の年明け早々だった。審議委員は兼業が禁止されている。大学を辞めなくてはならない。篠塚は生活科学部と大学院の人間文化研究科で教えていたが、この時点で大学院の入試は終わっており、新年度に向けて講義の準備を進めている時期だった。

篠塚に白羽の矢が立ったのは、「家計、雇用の知識や女性の視点からの意見」を期待されたた

ゼロ金利政策に反対していた日銀審議委員時代の篠塚お茶の水女子大学教授（左は速水総裁）

めである。

「社会に出るだけではだめ。政策決定に関わるような責任ある立場に就かなくては」――。篠塚は常々、女子学生たちにこう言ってハッパをかけていた。それだけに、まず自分が率先しなくてはとの思いがよぎった。金融政策を決定する場にこれまで女性は誰も入っていなかった。もちろん不安はあった。やれるかどうか分からないが、とにかくやってみよう。気持ちは次第に固まった。こうして篠塚は日銀政策委員会で唯一の女性審議委員になったのである。

ゼロからの勉強が始まった。審議委員は月に一―二回の頻度で開かれる金融政策決定会合に出席するだけでなく、一週間に二回の政策委員会の通常会合にも出なくてはならない。金融政策だけでなく、支店の統廃合や行員の採用・配置、給与のベースアップなど様々な案件について判断を求められる。政策委員会で意思表明をしなければならないので、いろいろな案件について毎日のように日銀の事務局の説明を受けることになる。金融に関する本を読みあさる一方、日々の業務をこなす毎日。しかも、大学教授を辞職したものの、すでに決まっていた講座のフォローをしなくてはならなかったので、無報酬の非常勤講師として週一回、大学にも通っていた。結局、日銀での仕事が忙し過ぎて、大学の方は続かず、半年で辞めざるを得なかった。とにかく最初の一年は大変だった。

ゼロ金利に反対貫く

就任から十カ月たった一九九九年二月、日銀の金融政策は大きな転機を迎えようとしていた。景気悪化と忍び寄るデフレ圧力に対処するため、二月十二日の金融政策決定会合でゼロ金利政策の導入が提案されたのである。

会合では、景気回復への展望が不明確であり、政府の緊急経済政策を金融面からサポートするために一段の金融緩和が必要との意見が相次いだ。委員の意見を集約する形で議長を務める日銀総裁の速水優が「無担保コール翌日物金利を現行の〇・二五%からできるだけ低めに誘導する。金融市場に混乱が生じないように当初〇・一五%を目指し、その後市場の状況を踏まえながら、徐々に一層の低下を促す」ことを提案、採決にかけた。

結果は八対一で賛成多数。採決にただ一人反対したのが篠塚である。家計を担う人々が低金利に強い不満を持っていることと、ゼロ金利にしても実体経済を良くする効果は期待できないというのが反対の理由だった。

以後、一貫してゼロ金利に反対し、利上げを主張することになる。篠塚は当時を振り返って「ゼロ金利の採用当時は実体経済と金融市場の間でマイナスの相互作用があり、市場が流動性不足に陥る懸念があった。私はゼロ金利導入の目的は金融システム不安を避けるための流動性供給だと思っていた。ところが、いつの間にか『デフレ懸念の払拭が展望できるまで』という話になり、需給ギャップを埋めることが目的とされてしまった。だが、ゼロ金利政策の導入でマネーは株式市場や債券市場に回ったものの、設備投資や住宅消費にはあまり向かわず、内需喚起にはつながらなかった」と言う。「金融機関の不良債権問題を解決しない限り、需要は生まれない。マネーを出すところだけをいじっても意味がない。構造改革をやらないと効果はない」というのが篠塚の思いだった。

政策決定会合の場だけでなく、外向けにもゼロ金利反対の主張を展開した。二〇〇〇年二月に長野県松本市で開かれた長野県金融経済懇談会でも、「ゼロ金利という極めて異例な政策を打ち切るタイミングがきた」と地元の経済人に訴えている。

ゼロ金利が異常事態という点では、速水をはじめとした日銀執行部も篠塚と同じ意見だった。速水はこの異常事態を脱するタイミングを狙っていた。景気が上向き始めていた二〇〇〇年夏はそのチャンスだった。ところが、七月に大手百貨店そごうが経営破たんし、この月の十七日に開かれた政策決定会合では「そごうの破たんが市場心理に与える影響について、もう少し見極める必要がある」としてゼロ金利解除は先送りされていた。

こうして迎えた八月十一日の政策決定会合では、速水が満を持してゼロ金利解除を提案した。

篠塚が賛成したのはもちろんだった。

デフレ阻止へメッセージ

ところが、その後、情報技術（ＩＴ）を中心に米国景気が急減速、その影響を受けて日本経済も二〇〇一年の年明け早々から景気動向に陰りが見え始めた。日銀も二月から金融緩和路線に大きく舵を取り、二月九日、二月二八日、三月十九日と三回連続で金融緩和策をとった。

篠塚も年明け後には景気が相当悪化していると感じた。一九九九年二月のゼロ金利導入時より状況は悪く、デフレ懸念というより、デフレスパイラルの恐れがあると思った。二月二八日に開かれた政策決定会合では無担保コール翌日物金利を〇・一%引き下げて〇・一五%に、公定歩合を〇・一%引き下げて〇・二五%にすることが決まったが、篠塚は利下げには反対したものの、デフレ阻止の意図を示すべきだとして、消費者物価指数の前年同月比が安定的にゼロ%以上になるまでの間、金融市場調節の一層の機動性を確保するため、国債買い切りオペ（公開市場操作）を月四、〇〇〇億円から増額し、当面は月八、〇〇〇億円程度とする独自提案を行った。

この時、篠塚は「ゼロ金利政策に対する評価が不十分なまま、先行きゼロ金利政策につながるような安易な金利引き下げは避けるべきである。むしろ、先行きの景気下振れリスクが一段と高まっている中で、物価下落に歯止めをかけるため、われわれは何か強いメッセージを出すことがぜひとも必要である」と主張している。

「政治の影」に疑問

その後の景気の足取りが悪くなったことで、政府や民間のエコノミストの間では、二〇〇〇年八月のゼロ金利解除は時期尚早だったとの見方が多い。当時、利上げ派だった篠塚への風当たりは強かった。「二〇〇〇年八月の時点では国内の景気指標が上向いていた。それを信じるしかなかった。金融政策は弾力的に行うものだ。あの時、金利を据え置いていたら、二〇〇一年に入ってから打つ手がなくなっていただろう。ゼロ金利を解除していたから、政策の余地が生まれた。解除していなかったら手詰まり感はもっと大きかった」と言う篠塚だが、外野席からいろいろな声が出たことに「孤立感を覚え、きつかった」と本音を漏らしている。

篠塚は二〇〇一年三月末に任期満了となり、審議委員を退いた。代わりに国際金融が専門の学習院大学教授の須田美矢子が審議委員に就いた。日銀を去った後、日銀の三年間は自分にとって何だったのかを冷静に考えた。自分の意見が取り入れられず、忸怩《じくじ》たる思いも残った。また日銀政策委員会の他のメンバーは当初、量的緩和策についてあれだけ反対していたのに、なぜ立場を変えたのか。政治の影も感じる。金融政策の運営で日銀は独立性を保持しているはずなのになぜ、との疑問がわく。これまで学者として政府の審議会に参加、政策立案に関わったことがあったが、その時とは全く違う体験だった。日銀では直接、政策を担う立場で、九分の一とはいえ決定権を持っていた。日銀での日々を振り返ってつくづく思うのは、政策決定の場にいる人間にはしっかりした学問的基盤と強い意志が必要ということである。

一九四二年、山形県生まれ。武蔵大学経済学部を卒業、慶応義塾大学で商学博士号を取得する。日本経済研究センター研究員を経てお茶の水女子大学教授に就任した。女性の労働問題など、日本経済社会の中で女性がどう扱われているのか、女性の社会的地位を高めるにはどうすればいいのかを研究テーマにしてきた。

篠塚には自分が日銀の審議委員になったことで、今後さらに女性が政策決定の場に進出するケースが増えるとの期待がある。お茶の水女子大学に戻った篠塚は、日銀での経験を本にまとめ、政策と理論のギャップや政策決定の場に立つ人間のあり方などを、学生に教えていきたいと思っている。

第4章

国際金融外交の最前線

人脈生かし日本を発信

伊藤隆敏

ITO TAKATOSHI

重要な説得の技術

「頑張っているね」――。二〇〇〇年九月九、十の両日にブルネイのバンダルスリブガワンで開かれたアジア太平洋経済協力会議（ＡＰＥＣ）蔵相会合。この会議に出席していた大蔵省副財務官の伊藤隆敏は、米ハーバード大学留学時代の同級生、ローレンス・サマーズから声をかけられた。サマーズはこの時、米国の財務長官。伊藤は蔵相の宮沢喜一の補佐役として会議に出席していたが、宮沢が途中で日本に帰国したので、代役として蔵相の席に座っていた。

「国際会議で重要なのは説得の技術だ」。サマーズの言葉に伊藤は深くうなずいた。一九九九年七月、一橋大学教授から副財務官に転身して以来、このことを痛感していたからだ。副財務官に就任してすぐ、アジアのある国の高官から「日本に期待しているのに失望させられることが多い」と言われ、ショックを受けた。国際会議の場で「日本がアジアの立場に立って意見を言ってほしいと思っているのに、日本は発言せず、われわれを助けてくれない」と言うのだ。伊藤は思った。――日本への期待は大きい。その期待に応えていかなくては。もっと自らの意見をしっかり主張し、日本の考えを説明し、理解を得なくてはだめだ。日本の主張をアジアや世界に発信し、リーダーシップを発揮して存在感を高めていくべきだ。経済学者である自分に求められるのは、国際会議の場で各国代表を説得できる明快な論理だ。――以来、様々な国際会議の場で日本の国益を意識しながら自らの意見を明快に述べることに心を砕いた。

一九九九年初め、大蔵省から副財務官就任の打診があった時、伊藤は「そんなこともあるのかと驚いた」という。「大学での仕事があるので考えさせてくれ」と答えたものの、「面白そうだな。やりがいがある」と、心の中では早くもやる気になっていた。伊藤は国際通貨基金（ＩＭＦ）調査局のシニアアドバイザーを務めたことがあり、官僚機構というのがどういうものか、よく分かっていた。大蔵省の国際金融の仕事についても、どんなことをやるのか、ある程度想像がついたのである。

伊藤を副財務官に推薦したのは当時、国際金融局長で、この後財務官となり、伊藤と二人三脚で日本の国際金融外交を担った財務官の黒田東彦である。大蔵省は新しい視点で金融行政を担える民間人を探していたが、なかなかぴったりの人はいなかった。日本の大学に金融の専門家はいくらでもいたが、行政に関わろうという意欲と能力、柔軟性を兼ね備えた人は少なかった。黒田と伊藤は日本輸出入銀行の勉強会などを通じ、十年来の知り合い。ＩＭＦのシニアアドバイザーとしてメキシコ通貨危機の報告書をまとめるなど、国際金融・通貨問題で豊富な経験を持つ伊藤の力量を黒田は高く評価していた。副財務官に最適な経済学者として伊藤に白羽の矢が立ったのである。伊藤は七月十九日付で副財務官に就任した。初登庁の日、印象に残ったのは大蔵省の廊下に敷かれた赤じゅうたんだったという。副財務官室は財務官室のとなり。気心の知れた黒田のすぐ近くで仕事ができるというので、楽な気持ちになった。大学にはいなかった専属の秘書がつくことも有り難かった、と伊藤は述懐している。

国益とは何か

就任後、伊藤が最初に取り組んだ大きな仕事が十カ国蔵相・中央銀行総裁会議（G10）の報告書作成である。一九九九年九月に開かれたG10代理会議では、先進国を中心に国境を越えて進む金融機関の統合とその影響について調査・研究することを目的に、金融セクターの統合に関する作業部会が設置された。作業部会の議長には、米国の連邦準備理事会（FRB）副議長のファーガソンが選ばれた。作業部会は金融統合のパターン、基本的要因、金融リスク、金融政策に与える影響、経営の効率性への影響、決済システムへの影響の六つの点について調査・研究することになり、それぞれのテーマごとに専門部会が設けられた。伊藤は金融統合のパターンに関する専門部会の座長を務め、報告書のとりまとめを担うことになった。

この作業を通じて伊藤は国益とは何かということを痛感させられたという。G10のメンバーである欧米各国は、日本の金融機関について非常に厳しい見方をしていた。各国とも自分の国益を第一に考え、様々な意見を述べる。しかし、日本に対する見方は事実に反し、誤解に基づくものも多かった。会議の場でどう発言するか、報告書にどう記述するかが非常に重要だった。伊藤は自ら報告書の執筆に当たり、日本の金融機関の現状が正確に反映されるよう、過度に否定的な記述にならないよう神経を使った。

通貨スワップ協定へ尽力

次に伊藤が財務官の黒田を支えて取り組んだ仕事が、アジアで通貨危機に陥った国に外貨を融通する「通貨スワップ協定」のネットワーク作りだった。この通貨スワップ協定の源流には、一九九七年、タイを発火点にフィリピン、マレーシア、インドネシアなどに飛び火したアジア通貨危機の際に日本が提案した「アジア通貨基金（ＡＭＦ）」構想があった。

ＡＭＦは、アジア各国が域内でふだんから経済・金融政策について密接に意見交換を行い、実際に通貨危機が起こった場合には金融支援ができるよう域内諸国が出資して基金を設立するという構想。だが、米国やＩＭＦは、①ＩＭＦと機能が重複する、②参加国のモラルハザードを引き起こす――などの理由で強い難色を示し、中国もアジア地域が円通貨圏になることを警戒し、慎重な姿勢を示したことから、この構想は頓挫《とんざ》した。しかし、その後、ロシアやブラジルなどに通貨危機が広がり、地域的な支援の枠組みの重要性が次第に認識されるようになった。日本は地域の相互監視を盛り込んだマニラ・フレームワークの理念を発展させ、三〇〇億ドル規模の二国間支援の枠組みである宮沢構想を打ち出し、支援に乗り出していった。

ＡＭＦ構想が失敗に終わった前回の轍《てつ》を踏まないように、通貨スワップの協定案はＩＭＦとの協調を目指し、ＩＭＦの関与を認める方向で調整が進められることになった。だが、マレーシアなど東南アジアの国には、融資条件に厳しい財政金融政策を要求するＩＭＦに不信感があった。米国やＩＭＦの警戒を解きながら、マレーシアなどのＩＭＦ不信を取り除かなくてはならない。伊藤の説得工作が始まった。まず米国やＩＭＦに対し、「アジア地域は貿易・投資の相互依存が強く、地域の金融協力が欠かせない。これはグローバルなＩＭＦ支援と矛盾するものではなく、むしろＩＭＦを補完するものだ」との論理を展開、米国やＩＭＦの反対を封じ込める上で大きな役割を果たした。その一方でアジアの国々に対する説得に力を入れた。

伊藤はＡＭＦ構想が頓挫した理由について「理論付けが足りず、各国を説得する詰めが甘かった」と指摘する。米国と対立した時、議論で説得することができなかった。アジア通貨スワップ構想では同じ失敗を繰り返してはいけない。黒田を補佐した伊藤は、主に構想の理論付けと各国に対する説得役を担ったのである。

アジア通貨スワップ協定は、二〇〇〇年五月にタイのチェンマイで開かれた東南アジア諸国連合（ＡＳＥＡＮ）と日本、中国、韓国の「ＡＳＥＡＮプラス３」の蔵相会議で構想の推進で基本合意、詳細を詰めることになった。この時の合意はチェンマイ・イニシアティブと呼ばれ、通貨スワップ協定締結への弾みがついた。この時点で米国も支持を表明していたが、ＩＭＦの関与を

ASEM財務相会合に出席した副財務官時代の伊藤東京大学教授（左は宮沢財務相＝当時）

めぐって、マレーシアなどがまだ反対の姿勢を続けていた。

二〇〇一年四月にクアラルンプールで開かれたASEAN財務相会合で、ようやくIMFの関与について最終的な合意が成立。同年五月にハワイのホノルルで開かれたASEANプラス3の財務相会合では、日本がタイ、韓国、マレーシアの三カ国との間で通貨スワップ協定を結ぶことで合意、日本はタイに三十億ドル、韓国に二十億ドル、マレーシアに十億ドルの支援枠を設けることになった。通貨スワップ構想がついに具体化することになり、伊藤の努力は実を結んだのである。

協定実現へ向け交渉の実質的な責任者だった黒田は、伊藤について「国際的にも有名な経済学者で、論理的なバックグラウンドがあるから主張に説得力があった。また友人に多くの欧米の経済学者がいるなど、財務省の役人にはない豊富な人的ネットワークを世界に持っており、随分助けられた」と言う。

伊藤はハーバード大学留学時代に、米国の財務長官を務めたサマーズやＦＲＢ副議長のファーガソンと机を並べて勉強するなど、後に米国の要人となる人たちと親交を結んでいた。ＩＭＦ調査局に勤務していた時にも、多くのエコノミストと知り合いになった。またタリンが蔵相の時にタイの蔵相特別顧問を務めており、アジアにも人脈を持っていた。伊藤の国際金融外交には、こうした人脈がフルに生かされたのである。

日仏で通貨バスケット制提案

二〇〇一年一月に神戸で開かれたアジア欧州会議（ＡＳＥＭ）財務相会合でも、日本の存在感を高める仕事を手掛けた。この会議の準備はほぼ一年がかりで行われた。二〇〇〇年の九月から翌年一月まで準備会合が五、六回開かれ、議長声明の草案作りが進められた。会議では米国の景気減速を受けたアジア経済や日本経済の動向、単一通貨ユーロ導入後の欧州経済の現状とともに、新興市場国の為替相場制度のあり方が大きなテーマになった。この会議で伊藤はフランス財務省スタッフと一緒に、新興市場国の為替相場制度に関する日仏共同ディスカッション・ペーパーを作成、共同提案をしたのである。

新興市場国の為替相場制度については当時、ドルとの完全固定相場制に近い制度であるカレンシーボード制か、逆に変動相場（フロート）制かという二つの考え方が主流だった。だが、伊藤はどちらも問題があり、その中間の上下に変動幅を設けたソフトな管理フロート制が望ましいという考え方だった。フランスも同様な考え方をしていたことから、日仏の財務省スタッフが協力してペーパーを出そうということになったのである。

日仏は協力してカレンシーボード制やフロート制を分析、これらの仕組みが新興市場国の為替相場制度として適切ではないという論理を展開、ペーパーに書き込んだ。望ましい制度として両国が提案したのは、新興市場国の通貨の為替相場をドル、ユーロ、円など複数通貨との間で一定に維持する通貨バスケット制である。

新興市場国としてフランスが念頭に置いていたのは今後、欧州連合（EU）に加盟し、ユーロにも参加を目指す東欧諸国であり、日本はASEAN諸国であった。フランスには、東欧諸国が自国通貨をユーロに連動させるユーロ・ペッグ制を性急に導入するのは好ましくないという考えがあった。また日本には、自国通貨をドルに連動させる「ドル・ペッグ制」を採用していた東南アジア諸国が、通貨の過大評価でアジア危機に見舞われたという教訓もあった。東南アジア諸国は通貨危機後、フロート制に移行したものの、経済発展のため為替相場の安定を求めていたのである。

厳格なドル・ペッグ制であるカレンシーボード制を採っていたアルゼンチンが通貨危機に見舞われたことで、いま伊藤たちの主張が改めて注目を集めている。だが、当時は米国を中心にカレンシーボード制が望ましいとの考えが主流を占めており、ASEM財務相会合で日仏共同ペーパーが発表された時は、英国の有力経済紙フィナンシャル・タイムズが「日仏が結託して米国に反旗を翻した」とセンセーショナルに取り上げた。この共同提案の後、米国やIMFとの議論も進んだといい、伊藤たちの試みは為替相場制度のあり方をめぐる議論に一石を投じたと言えるだろう。

ＡＳＥＭ財務相会合では、日仏共同提案などにより、アジアと欧州が通貨・金融制度で共通の問題意識を持っていることが確認された。今後さらに為替相場制度、金融協力、公的債務管理といった事項について共通の認識を深めるため、アジアと欧州の民間研究機関が共同研究に着手する「神戸リサーチプロジェクト」の実施も決まった。これは日本が提案したもので、欧州通貨統合のステップをどこまでアジアに応用できるかなどが研究の焦点になる。

しっかりとした論理に基づいて発言すれば、世界は日本に耳を傾けてくれる。ＡＰＥＣやＡＳＥＭの会議の経験を通じ、米国にも気軽に文句を言える関係を築くことが重要だと伊藤は痛感したのである。

インフレ目標を提唱

副財務官在任中に伊藤は学者という個人の立場で積極的な言論活動も行っている。その一つが、日本経済のデフレ払拭のため、日銀にインフレ目標政策を求める論陣を張ったことである。一九九九年十月、英紙フィナンシャル・タイムズに寄稿し、日銀が二年間にわたり物価上昇率を年一―三％に設定するインフレ目標を導入するよう主張した。この論文は政府や日銀、経済学界で大きな波紋を呼んだ。伊藤はその後、日本の新聞のインタビューに応えて同様の主張を繰り返し、日銀側も反論するなど、インフレ目標論をめぐり様々な議論が展開された。

伊藤は、①目標を明確にすることで日銀の金融政策への信頼性が高まり、説明も容易になる、②英国、カナダ、スウェーデンなど海外の先進国ですでにインフレ目標が導入され、成果を上げている――などの理由を挙げて政策の有効性を主張、四％のインフレを長期間続けて景気浮揚を図るべきだとする米国の有力経済学者、ポール・クルーグマンらが主張するインフレ調整論とは一線を画した議論を展開した。伊藤の主張に対し、インフレ期待を先取りした長期金利の上昇を招くのではないか、インフレ目標を達成しようと思っても日銀には政策手段が乏しい、日銀の金融政策への介入だ――など様々な批判が出た。

日銀は当時すでにゼロ金利政策を実施しており、インフレ目標を達成する有効な手段はないとしていたが、伊藤は中期国債の買い切りオペや株式買い入れなどの手段があると主張した。また大蔵省幹部の発言だけに、日銀の金融政策に対する大蔵省の圧力との見方が喧伝されたが、これについては全くの誤解だという。伊藤はインフレ目標論を主張するに際し、「個人の意見であり、大蔵省の見解ではない」と断っているが、そもそもインフレ目標のような明確な政策目標を導入することが日銀の独立性を守ることにつながるというのが伊藤の考えで、「日銀に金融緩和をしろと声高に叫ぶ気は全くなかった」と語る。

フィナンシャル・タイムズに寄稿するきっかけになったのは、直前の一九九九年九月にワシントンで開かれた日米蔵相会談だという。この時、円高が進んでいたこともあり、米国のサマーズ財務長官は日本に対し金融緩和を強く要求してきた。だが、ゼロ金利政策を採る日銀は打つ手がないという立場だった。伊藤はこれを見て健全ではないと感じた。日銀の独立性をいかにして守るのか。明確な政策目標を持っていれば、金融政策決定時の説明責任が向上し、政府など外部の介入を防げる。政策手段は日銀に任せればいい。伊藤の頭の中ではインフレ目標導入は日銀の独立性を保障するものだったのである。

東京大学へ転身

伊藤は一九五〇年に北海道札幌市で生まれた。父親は小樽商科大学の学長を務めた経済学者である。大学を受験した一九六九年は学園紛争で東京大学の入試が中止の年で、一橋大学に入る。面識はなかったというが、経済財政担当相の竹中平蔵も同期入学である。一橋大学で修士課程を終えた後、ハーバード大学に留学、経済学博士号を取得する。ハーバード大学では同級生にサマーズやファーガソンら秀才がたくさんいて、ディベート（議論）の仕方を徹底的に学んだ。サマーズとはよくテニスをしたという。一九七九年に卒業後、米ミネソタ大学の助教授、准教授を務め、帰国して一橋大学の助教授に就任。一九九一年に教授に昇進した。一九九四年から一九九七年までIMF調査局シニアアドバイザーを務め、メキシコ通貨危機についての報告書をまとめている。一九九七年にタイで通貨危機が起こり、タリンが蔵相に就任すると、蔵相特別顧問となり、副財務官になるまで務めた。

任期の二年が過ぎ、伊藤は二〇〇一年七月に副財務官を退官し、一橋大学に戻り、経済研究所教授となった。二〇〇二年四月からは東京大学の先端科学技術研究センター教授に転身している。

財務省のチーフエコノミスト

河合正弘

KAWAI MASAHIRO

世銀で働いた国際派

伊藤の後任として二〇〇一年七月、東京大学社会科学研究所教授から財務省副財務官に就任したのが河合正弘である。IMFに勤務していた伊藤に対し、河合は世界銀行で働いた経験を持つ。二〇〇一年に東大に復帰するまで河合は三年間、世銀で東アジア・大洋州地域担当チーフエコノミストを務めた。伊藤がハーバード大学の経済学博士号を持っているのに対し、河合はスタンフォード大学で経済学博士号を取得した。伊藤に勝るとも劣らない国際派の経済学者である。

「伊藤さんが七月で辞めるので、副財務官をやってみませんか」――。二〇〇一年二月、財務官の黒田から日本に帰国中だった河合に連絡が入った。世銀での仕事が終わり、東大に戻ることになっていた河合は、世銀での経験を本にまとめようかと思っていた。そこへ副財務官就任の要請。国際金融の現場で引き続き仕事ができる。河合の心は動いた。本の執筆はしばらくお預けになった。

伊藤の時と同じく、今回、河合を選んだのも黒田である。官僚でありながら少し学者肌のところもある黒田は経済学に明るく、日本の経済学者に知り合いも多い。河合の世銀での仕事ぶりもよく知っていた。国際金融が専門で国際機関での実務経験があり、議論好きな河合には前から注目していた。黒田は河合に対し「国際金融の豊富な知識と経験を生かし、財務省のチーフエコノミスト的な役割も果たしてほしい」と大きな期待を寄せている。

財務省が関わる国際会議は多い。七カ国（G7）財務相・中央銀行総裁代理会議やIMF、APECなどの会議には黒田が出るが、経済協力開発機構（OECD）、G10代理会議、四市場会合、マニラ・フレームワークなどの会議は副財務官に任されており、河合の担当だ。七月に就任した河合は、九月からさっそく精力的に国際会議に出席することになった。

「円安」めぐり欧米と議論

これは映画の一シーンではないのか——。二〇〇一年九月十一日。OECDの第三作業部会（WP3）出席のためパリにいた河合は、その映像を前に言葉を失った。黒煙を上げて崩れ落ちる世界貿易センタービル。午後のコーヒーブレイクの時間、OECD本部の会場に置かれたテレビの前は黒山の人だかりだった。

この日は河合にとって生涯忘れられない日になった。米国の同時多発テロの発生とともに、副財務官になった河合が国際会議にデビューした日でもあったからである。WP3は先進国の財務官クラスや中央銀行副総裁が出席する会議。世界経済について侃侃諤諤《かんかんがくがく》の議論が行われ、ここでの討議結果が各国の経済動向や政策に関する国際世論を形成することもしばしばだ。この日の会議では日本経済について日米欧の激しいやり取りが続いていた。

「日本の景気は悪い。需要をつけるための円安政策をとるべきだ」。口火を切ったのは欧州だった。いくつかの国から日本に円安誘導を求める声が相次いだ。これに対し米国の出席者からは「円安政策は好ましくない。円安は需要を振り替えるだけだ。日本の外需が増えても他の国の外需が減る」との意見が出され、真っ向から対立した。景気が減速していた米国には、過度にドル高が進むことへの警戒感があった。一方、ユーロ安に悩む欧州にはユーロを強くしたいとの思いがあり、円安は歓迎だった。各国の国益に基づいた思惑が交錯する中、河合は円安に神経質になっている米国に対し、日本の立場をはっきりと主張する必要があると感じた。

河合が発言した。「確かに意図的な円安誘導は良くない。日本は円安誘導をして近隣諸国に迷惑をかけるようなことをするつもりはない。だが、日本経済の状況は悪い。自然の流れで円安になっても不思議ではない。それは市場が決めることだ。その結果、日本に需要がついて構造改革に弾みがつき、日本経済が回復するなら、世界にとっても良いことだ」

皮肉なことに米同時テロ発生で、その後の為替相場は急激なドル安・円高が進み、日本は円売り・ドル買いの介入に踏み切った。この介入には米国も支持を表明せざるを得なかったのである。

河合はこの後、十月に対日審査会合、十一月に経済政策委員会と、立て続けにOECDの会議に出席した。一連の会議では日本経済の現状と構造改革が話題になった。各国からは「いま構造改革をすると、かえって経済が悪くならないか」、「構造改革の実行が遅れているのではないか」などと様々な質問が出た。河合は「日本経済の現状は厳しく、財政政策も金融政策も打つ手は限られている。不況下で構造改革を行うのがいいのかという議論はあるが、改革を実施すれば市場も評価する。やらないと日本はますますだめになる」と日本の立場を伝えた。

中国問題で研究会

十二月にはニュージーランドのオークランドで開かれたマニラ・フレームワーク会議、オーストラリアのシドニーでの四市場会合、ブラジルのリオデジャネイロでのグローバル・デベロップメント・ネットワーク会議、年を越して二〇〇二年一月にはワシントンで開かれた世銀の東アジアセミナーに出席するなど、まさに世界中を飛び回る日々が続いた。

国際会議出席と並行して河合が力を入れたのが、中国問題を考える研究会だ。これは河合の提案で始まった財務省内の研究会で、脅威論ばかりが叫ばれる中国について、もっとバランスの取れた分析をし、報告書を作成して政策に反映させていこうというものだ。河合は言う。「中国については脅威論の一方で崩壊論もあり、バランスを欠いた極端な見方が多い。確かに中国は力強い成長を遂げているが、民主化への道筋がどうなっていくのか、また膨大な債務を抱えた国営企業の改革をどう進めるのか、沿海部と内陸部の経済格差をどう縮めるのかなど、様々なリスクと課題を抱えている。日本は中国のリスクをきちんと認識した上で責任のある投資活動、企業活動をしなくてはならない。日本は中国に対する大口の債権者という視点も必要だ。本来、外務省が総合的に考えるべきことだが、財務省としてどう中国と付き合うか、日本として何をすべきか、それを考えるベースになればいい」

途上国の実情探る

河合は一九四七年、岡山県生まれ。数学が好きだったので、社会科学で数学が使える学問の経済学を志し、東京大学経済学部に進んだ。専攻はマルクス経済学。学生運動をしていた世代で、普通に就職するのがいやで大学院に進学したが、当時の大学院は真剣に研究する雰囲気ではなかった。そこで米スタンフォード大学に留学、近代経済学を専攻して博士号を取る。米ジョンズ・ホプキンス大学准教授を経て東大に戻り、社会科学研究所の助教授を経て教授になった。

世銀では急成長をした後、通貨危機を経て混乱するアジア諸国を見てきた。ＩＭＦと世銀は通貨危機に際し、共通のプログラムでタイ、インドネシアなどに融資をしたので両者間でよく議論が行われた。ＩＭＦと世銀では途上国へのアプローチの仕方や経済に対する考え方やカルチャーが大きく異なっていたという。ＩＭＦが中央集権的でマクロ重視なのに対し、世銀は現場主義でミクロ重視。世銀は途上国にスタッフを多数抱え、現地の情報をよく集めていた。融資もＩＭＦ

と違い長期的な融資で、支援国の構造調整を促している。

世銀とＩＭＦの考え方が違うので、河合はよくＩＭＦの担当者やエコノミストと激しい議論の応酬をした。例えばＩＭＦは融資に際し途上国に厳しい財政規律を求め、景気浮揚のための財政拡大策など認めなかったが、世銀の考えは違った。マレーシアが実施した資本移動の規制策もＩＭＦは絶対反対で即刻解除すべきだという意見だったが、世銀の姿勢は柔軟だった。河合にはＩＭＦの考え方が教条的に思えた。理論と現実は違う。世銀の方が現地の実情に合わせた政策を採っていると感じたのである。

河合は二〇〇一年九月の米同時多発テロについても、「根っこには途上国の貧困問題がある。グローバル化から取り残された地域の問題を真剣に考えなくてはならない。この問題でも積極的に発言していきたい」と語る。

河合には、伊藤が残したアジアの為替相場の安定化策や地域の金融協力推進などを引き継ぎ、発展させる仕事がある。また、欧米に日本の経済・金融政策を説明し、日本の考えを発信する役割や、中国問題、途上国の貧困問題へのアプローチなど、様々な活躍の場がある。まさに財務省のチーフエコノミストとしての役割が期待されていると言っていいだろう。

第5章

地域から変える

分権時代の税制を問う

神野直彦

JINNO NAOHIKO

都税調構想が浮上

「細かいことは分からないが、だいたい君の言うことは分かった。ところで近く税調をつくるのでやってくれないか」

二〇〇〇年四月、東京大学経済学部教授の神野直彦は、都市問題についてレクチャーを受けたいという都知事の石原慎太郎の求めに応じ、東京都庁を訪ねた。都市財政について話し、地方自治体の財政自立の重要性を強調すると、石原から東京都が設置する税制調査会の委員就任を求められたのである。

東京都税調構想は石原の発案で、政府や自民党の税調の向こうを張って地方分権時代にふさわしい税制のあり方を考えようというものだった。都税調は政府税調と自民党税調の機能を併せた

東京都の税収入の推移

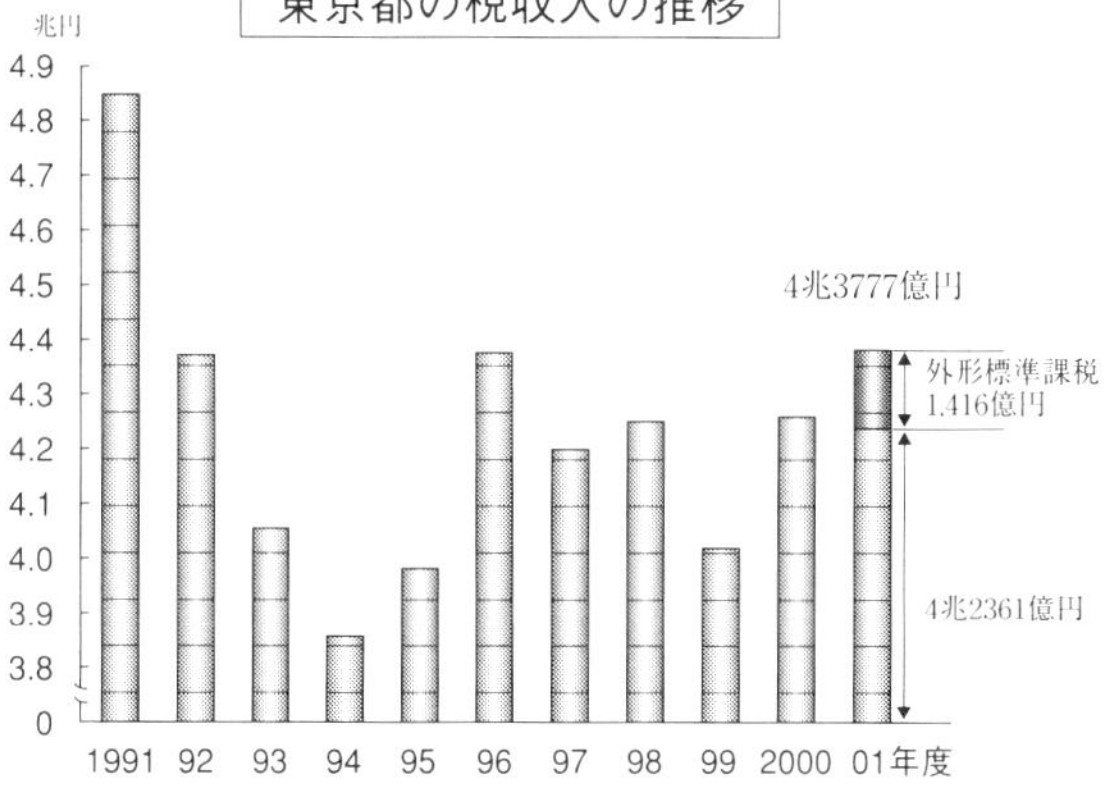

（注）2000年度までは決算額、2001年度は予算額。

ものにし、有識者だけでなく都議会議員もメンバーに加え、議論をして結論をまとめ、知事に答申する。都の独自課税の問題だけでなく、国から地方への税源移譲の問題もテーマにし、東京から国にボールを投げることを目指していた。

外形標準課税を支持

「東京から日本を変える」をうたい文句に、米軍横田基地の返還や中小企業の資金調達を円滑にするための債券市場創設など様々なアイデアをぶち上げていた石原は、約二カ月前の二〇〇〇年二月七日、悪化する都の財政再建のために大手銀行の法人事業税について事業規模に応じて課税する外形標準課税を導入する方針を発表していた。地方税法における法人事業税の特例規定に基づき、二〇〇〇年度から五年間の時限措置で資金量五兆円以上の大手銀行の業務粗利益に三%の税率を適用する。対象となる銀行は三十行程度で、東京都は一、〇〇〇億円以上の増収を見込んでいた。

法人事業税は企業の利益から損金を引いた所得に課税されていたが、銀行が不良債権処理のため多額の損失を計上、赤字になれば課税を免れることになる。東京都は「行政サービスの対価としての税負担が少な過ぎる」と主張、銀行を標的にして世論に訴えた。石原は二月下旬から始まる定例都議会での可決を目指した。

外形標準課税の導入は東京都の財政再建に力を入れる石原の意向を受けて、都主税局が独自課税として何ができるか検討を重ね、考え出したものだ。検討作業は秘密裏に進められ、突然発表された。それだけに反響は大きかった。まず全国銀行協会は「銀行だけを対象にした外形標準課税は極めて唐突であり、絶対反対。課税案は税負担の公平性を欠き、わが国の金融機関の国際競争力の低下につながる」と強く反発した。金融再生委員長の越智通雄も「日本経済復興のため金融機関に国費を投入している国の政策と整合性が取れない」と批判した。

地方税を所管する自治省は政府主導で全国一律の外形標準課税の導入を目指していたが、都の独走に戸惑いを隠さなかった。自治省は東京都に対し見直しを迫り、都主税局に圧力をかけたが、石原は断固実施の構えだった。都議会開会の直前、自治相の保利耕輔は石原と会談、①所得による現行の課税と比べ、著しく均衡を失しないか、②大手銀行だけが対象で、不公平ではないか、③政府税調などで検討中なのに都の先行実施は妥当か、④政府の景気回復策や金融安定化策と矛盾しないか——など六項目の懸念を表明し、再検討を促した。だが、石原は「考えを変えるつもりはない」と突っぱねた。

石原の外形標準課税構想は、学者の間でも様々な論議を巻き起こした。「特定業種への一時的課税は税制の広く薄くという方向性、中立性と相容れない」、「景気と金融システム安定への配慮が足りない」など様々な批判の一方で、「地方の財政危機克服のためには自治体の課税自主権を強化することが欠かせない。石原構想はこの点で一石を投じた」と評価する意見もあった。地方分権推進の立場から課税自主権の重要性を認識していた神野も、外形標準課税導入に基本的に賛成だった。

三月十三日、都議会の予算特別委員会に全国銀行協会会長の杉田力之（第一勧業銀行頭取）、宮城大学教授の糸瀬茂とともに、神野が外形標準課税問題についての参考人として出席した。神野は「都民に決定のプロセスがオープンにされていただろうか。結果さえよければ、それでいいというわけにはいかない」と、秘密裏に突然発表された今回の意思決定プロセスに疑問を示しながらも、「法人事業税は本来、事業活動規模あるいは事業活動量に応じて課税される租税。法人の利潤という課税標準でもって課税することが、事業税の本来の性格、つまり、事業活動の規模に応じた課税という本来の性格にとってふさわしくないような租税負担の状況を生じさせてしまったというような場合には、地方自治体の判断でもって、利潤以外の課税標準、つまり外形標準が導入できるというふうに考えている」と発言、外形標準課税導入の正当性を主張した。

銀行から企業、中央官庁、自治体、政界、学界、マスコミ、一般市民まで様々な人たちを論議に巻き込んだ東京都の外形標準課税導入案は、三月二三日の都議会財政委員会において全会一致で可決された後、三十日の本会議で一二二対一という圧倒的多数で可決、成立したのである。

地方から国へ

二〇〇〇年五月、東京都の税制調査会の設置が正式に決まったが、焦点は会長を誰にするかだった。石原は当初、財界の重鎮が好ましいと考え、国の地方分権推進委員会の委員長を務める太平洋セメント相談役の諸井虔に白羽の矢を立てたが、諸井は断り、財界人からの起用は不調に終わった。都税調の第一回総会の直前、主税局長の大塚俊郎が神野のもとを訪れ、会長就任を要請した。

こうしてすでに委員就任が決まっていた神野が会長を務めることになった。神野が就任要請を引き受けたのは、都主税局長の諮問機関である大都市税制研究会の座長を務めるなど、これまでも都の税政に関わっていたからだが、「地方から国にボールを投げる」という石原の姿勢にも共感するところがあった。神野はかねて国と地方の税体系のあり方に疑問を感じていたからである。

東京都主税局税制調査担当部長の川村栄一は、神野に税調会長就任を要請した理由について、「税財政制度、とりわけ地方税財政制度に造詣の深い第一人者であり、地方自治体に対する理解も深い」との点を挙げている。

東京都税調のメンバーは都議会から六人の議員が特別委員に名を連ねたほか、委員として経済界からウシオ電機会長の牛尾治朗、ヤマト福祉財団理事長の小倉昌男、経済同友会代表幹事の小林陽太郎（富士ゼロックス会長）が参加、学識経験者では神野、神奈川大学経営学部教授の青木宗明、東京都立大学法学部教授の磯部力、宮城大学教授の糸瀬茂、東京大学法学部教授の森田朗、東北大学大学院法学研究科助教授の渋谷雅弘、日本証券経済研究所主任研究員の紺谷典子ら九人、都内の自治体代表として東京都市長会会長の青木久ら三人、都庁からは副知事や出納長ら四人が加わった。

四つの法定外税を提案

二〇〇〇年六月一日、都税調の第一回総会が都庁で開かれた。会議の冒頭、あいさつした石原は「秋には国の税調が始動するが、地方の立場を代表した思い切ったボールを投げ込んでいただきたい」と述べ、都税調が国の税調に対抗する提案を出すとの考えを示した。石原が提唱する「東京発の国家・社会改革」の考え方を踏まえ、地方分権時代にふさわしい地方税制、国・地方の税財政制度のあり方について、都民や国民に率直に問題提起することが、都税調の目的となったのである。

都税調は税源配分、政策税制、資産課税、法定外税の四つの小委員会に分かれて審議が進められた。税源配分小委員会と政策税制小委員会は主として国全体の税制、資産課税小委員会と法定外税小委員会は都税制について審議。税源配分小委員会は所得税、消費税などの国から地方への税源移譲、所得税、個人住民税の税率構造の見直し、地方税制に関わる国の関与の見直し、政策税制小委員会は寄付金控除や自動車関連税制の見直し、地方環境税の検討、資産課税小委員会は固定資産税制、相続税・贈与税制度のあり方、都市計画税の軽減措置の見直し、法定外税小委員会は法定外税と大都市にふさわしい法定外目的税の導入がそれぞれ検討課題になった。

国の税調に向けボールを投げるという目的もあり、知事への答申は秋までにまとめられることになった。神野が答申とりまとめに当たって留意したのは、東京だけの利益に偏らないということだった。石原の意向を受け、地方全体の利益を代表する提言を東京から出すことにこだわったのである。

スケジュール通り、十一月までに答申がまとめられ、同月三十日、神野から石原に答申が手渡された。答申では、国から地方への税源移譲について消費税の税源の一部を地方消費税に、所得税の税源の一部を個人住民税に振り替えるとともに、税源移譲に伴う都道府県と市町村の過不足の調整をたばこ税で行うとし、その一方で地方交付税と国庫補助負担金を大幅に縮減する案を打ち出した。これにより国と地方の税源配分を現在の三対二から一対一に改めるとしている。また東京都独自の法定外税として大型ディーゼル車高速道路利用税、産業廃棄物税、ホテル税、パチンコ税の四つを提案した。

大型ディーゼル車高速道路利用税は首都高速道路を利用する大型ディーゼル車（総重量八トン以上）を対象に課税、大型ディーゼル車の首都高速道路への流入や使用を抑制、排出ガス削減を図る。税収は次世代規制適合車への買い替え補助など環境対策費にあてる法定外目的税である。産業廃棄物税は都内の産業廃棄物を排出する事業者に課税する法定外普通税で、処理重量一トン当たり数百円を想定している。

東京都税制調査会の答申の骨子

- ○国から地方への税源移譲を進めるとともに、地方交付税と国庫補助負担金を大幅に縮減する
- ○国から地方への税源移譲は所得税の税源の一部を個人住民税に、消費税の税源の一部を地方消費税に振り替えるとともに、税源移譲に伴う都道府県と市町村の過不足の調整をたばこ税で行う
- ○国と地方の税源配分を現在の3対2から1対1に変える
- ○都独自の法定外税として、大型ディーゼル車高速道路利用税、産業廃棄物税、ホテル税、パチンコ税を導入する
- ○商業地の固定資産税の負担を軽減し、中小企業が事業を継続しやすいように相続税を軽減する
- ○芸術文化団体やNPOへ寄付した場合の所得税軽減
- ○都道府県の税収を安定させるため、法人事業税に外形標準課税を導入する
- ○住宅用地の固定資産税の負担を適正化
- ○地球温暖化対策として炭素を基準とした地方環境税の創設
- ○大気汚染防止と脱税防止のため、軽油引取税の課税を適正化
- ○自家用車と営業用車の税率格差を縮小
- ○ディーゼル車とガソリン車との間に税率格差を設定
- ○社会的費用を広く分かち合うとの観点から、3段階（5％、10％、13％）となっている個人住民税の税率構造を10％に一本化
- ○少子化対策や放置自転車対策の一環として、認証保育所や自転車駐輪場の固定資産税を軽減

ホテル税は東京都のホテルに滞在し、都の行政サービスを受ける宿泊者に応分の負担を求めるもので、税収の一部を観光施策の費用にあてる。一泊一万円以上の宿泊料金を支払う滞在客に課税する。パチンコ税は新規のパチンコ台に一台当たり一万円を課税することによって廃棄台の排出抑制とリユース台（中古台）の普及促進を狙う法定外普通税だ。

税制立案に透明性

答申には商業地の固定資産税の軽減や中小企業の事業継続を容易にする相続税の軽減、芸術文化団体や非営利組織（ＮＰＯ）へ寄付した場合の所得税の軽減、地球温暖化対策のための炭素

を基準とした地方環境税の創設、ディーゼル車とガソリン車の間の税率格差の設定などの提言が盛り込まれた。

法定外税については、全日本トラック協会が大型ディーゼル車高速道路利用税に反対を表明、日本ホテル協会がホテル税に反対するなど、業界団体が強い反発を示した。だが、この答申を通して都民が税に関心を持ち、都民の間に議論を巻き起こったこと自体が一歩前進だった、と神野は振り返る。地方税について住民が議論する機会はほとんどなかった。神野には行政が税制を立案するプロセスがオープンになり、住民に選択肢を示したことは画期的だったとの思いがあった。国ではなく、住民に身近な地方自治体が税をデザインし、住民が受益と負担の関係を考えるのが地方分権時代の税のあり方だと考えるからだ。

都税調は二〇〇〇年十一月に答申を出した後、一年近く開かれなかったが、翌二〇〇一年九月に再開、年内に三回の総会が開かれた。二年目の税調は答申を受けて、大都市の財政需要や環境関係の独自課税について審議した。十二月二五日の答申には、前年十一月の答申に盛り込まれた産業廃棄物税と大型ディーゼル車高速道路利用税を環境目的税として広域的に導入することを提案するとともに、新税として低公害車の開発を促す自動車メーカー税と地球温暖化を防ぐため燃料に課税する炭素税を提唱した。なお、前回答申のホテル税については、この年の十二月十九日に都議会で条例が可決、成立した。都税調が提言した法定外税で最初に実施に移される新税となった。

神野東京大学教授

財政は社会の鏡

神野は国の地方分権改革推進会議や地方制度調査会の委員で、地方分権問題に取り組んでいる。財政の専門家として中央省庁や地方自治体から引っ張りだこで、政府税調の専門委員や、国土交通省の「今後の土地税制のあり方に関する研究会」、埼玉県税制調査懇話会、神奈川県地方税制等研究会、福岡県の「資源循環促進税制を考える専門家会議」などの座長を務めているほか、岡山県や三重県の税政にも関わっている。

地方への出張は月五、六回にも達し、超多忙だ。「財政学は理論経済学と違い、現場観察が重要。観察をしながら価値観や思想を学ぶことが大事だ」と言う。

神野は一九四六年、埼玉県生まれ。東京大学経済学部に進んだ。大学の同期生には野村ホールディングス社長の氏家純一、東大経済学部長の岩井克人らがいる。卒業後は日産自動車に入社。六年勤め、人事部が長かったが、工場実習で車の組み立て作業を経験、車のセールスをしたこともある。

労働組合の役員になるのを機に神野は会社を辞め、大学に戻ることを思い立ち、大学時代のゼミの指導教官である加藤三郎のところに相談に行った。そこで加藤から「人間は勉強した方がいい。学問を続けなさい」と言われ、大学院に入る。大学院では地方分権問題に熱心だった佐藤進の指導を受け、それがその後の進路を決定付けることになった。「仕事を選んではいけない。自分を偉い人間だと思うな。自分の関心だけで物事を見ると、一方からしか見えなくなり、見間違う。別の角度から見ることが重要だ」というのが佐藤の口ぐせだった。神野が様々な省庁や府県の仕事を進んで引き受けるのは、日産での現場経験とともに、佐藤の影響を受けたことが大きかった。

東大大学院で博士課程まで進み、その後、大阪市立大学に行く。この時代の恩師が現在大阪市長の磯村隆文である。一九九〇年に東大に戻り、経済学部助教授を経て一九九二年に教授に就任している。

「財政は経済と政治の狭間に位置し、財政を研究すると社会が総合的に見える」と神野は言う。だから、財政危機は経済危機と政治危機の結果として生じる。神野は小泉構造改革が増税なき財政再建を掲げ、公共部門を小さくして市場に委ねようとしたサッチャー、レーガン流の中曽根政権の行政改革と瓜二つだと見ている。中曽根政権以降、東京への一極集中に拍車がかかったと指摘、市場原理優先の小泉改革にも強い危惧の念を抱いている。神野にとって市場経済と財政は車の両輪で、競争原理で営まれる市場経済を、協力原理で営まれる財政が補完しなくてはいけないという。

神野の描く地方分権社会とは、ゆとりと豊かさが実感できる社会である。地方分権をライフワークに今後も地方行脚を続け、そこから国のありようを考えていくつもりだ。

大阪再生に取り組む

小西砂千夫

KONISHI SACHIO

反省を明確に

「過去の府政運営の失敗に対する反省を明確にすべきだ。バブル崩壊に伴う面的開発の失敗、不交付団体時代に拡大した福祉・教育などに関する支出の拡大、府民に対する情報公開の不足……。そうした反省を踏まえて改革しますと言わないと迫力がない。よく読めば反省しているが、それが前面に出ていない」

二〇〇一年八月六日、大阪市中央区の知事公館大サロンで開かれた大阪府サポーターズ懇話会。関西学院大学産業研究所教授の小西砂千夫は、大阪府知事の太田房江に迫った。

サポーターズ懇話会は有識者が府政運営について太田に助言する会議で、小西のほか、弁護士で元整理回収機構社長の中坊公平、吉本興業会長の中邨秀雄、建築家の安藤忠雄、マサチュー

大阪府の税収入の推移

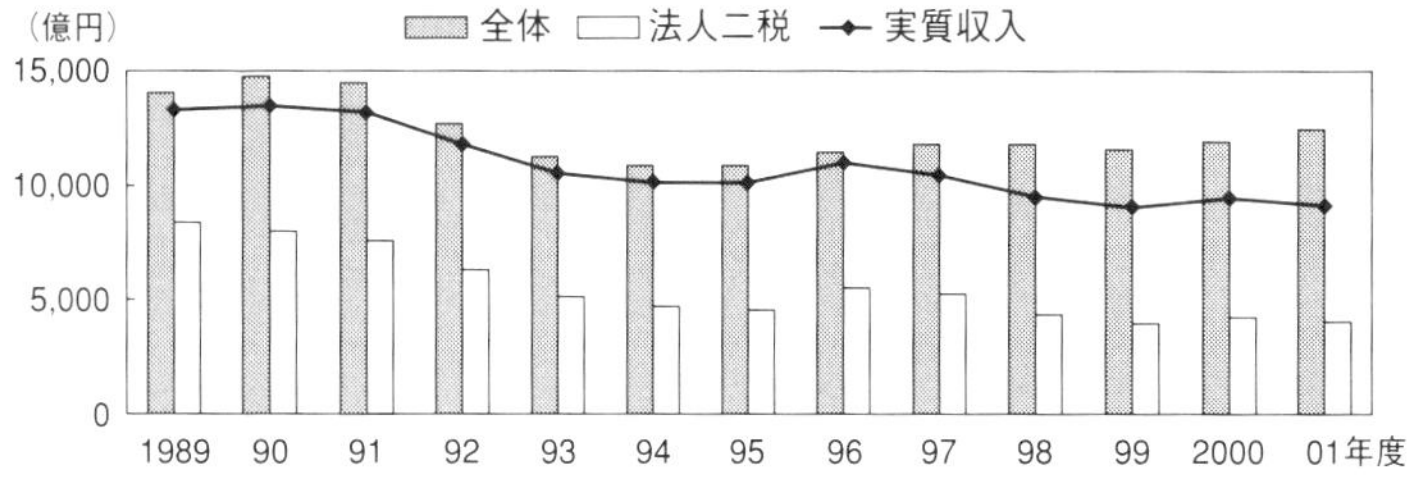

(注1)府税の実質収入とは、(府税+譲与税+清算金収入)−(税関連の市町村交付金、清算金支出、還付金等)。
(注2)2001年度は最終予算ベース。

セッツ工科大学教授の神田駿、レンタルビデオチェーンのカルチュア・コンビニエンス・クラブ社長の増田宗昭、大阪大学大学院人間科学研究科助教授の斎藤弥生がメンバー。二〇〇〇年六月に第一回会合が開かれ、この日の会合が六回目だった。

バブル崩壊後の税収落ち込みなどで財政危機が深刻化した大阪府は、自治体の倒産に当たる「財政再建団体」転落の瀬戸際にある。厳しい財政状況を踏まえ、懇話会はこれまで府の行財政改革や大阪の経済活性化策を中心に議論を進めてきた。府は八月三日に財政危機克服を目指した「大阪府行財政計画」の素案を発表しており、六日のサポーターズ懇話会では府の事務局がその内容を説明した後、意見交換が行われた。

再建団体転落の危機

行財政計画の素案は大阪府が財政危機に陥った理由として、①長引く景気低迷による府税収入の大幅かつ急激な落ち込み、②右肩上がりの経済成長と豊富な税収を前提に府があれもこれもと行ってきた施策構造からの転換の遅れ、③行政需要の増大に応じて大量採用した教員・警察官を含む職員の人件費や過去の地方債の発行に伴う公債費など義務的経費の増加――などを挙げている。二〇〇一年度当初予算における府税の実質収入は九、六三三億円で、ピーク時の一九九〇年度（一兆三、五一〇億円）の約七割、景気変動の影響を受けやすい法人二税（法人府民税と法人事業税）にいたっては四、三八四億円とピーク時の一九八九年（八、三五一億円）の約半分に落ち込んでいる。府の財政は一九九八年度以降、三年連続して赤字決算となり、財政構造の弾力性を示す経常収支比率は一九九四年度から一〇〇％を超える異常事態が続き、一九九二年度以降は連続して全都道府県で最悪になっていた。

大阪府が示した十年間の財政見通しによると、景気の低迷などの要因で府税収入の伸びは二〇〇二年度から二〇〇四年度までほぼゼロとなり、二〇〇五年度以降もわずかな伸びにとどまる。一般会計の歳出規模約三兆円に対し、毎年度四、八〇〇億円―五、七〇〇億円もの財源不足が生じる。国からの地方交付税などで財源を集めても、二〇〇二年度以降、一、〇〇〇億円を超える不足額が発生。これを借金返済に備えて毎年積み立てている減債基金の取り崩しで補てんしても、二〇〇六年度に底をつき、赤字が財政再建団体転落のラインである約六四〇億円（大阪府の標準財政規模の五％）を超える可能性がある。

財政再建団体への転落は、企業で言えば倒産で、会社更生法適用となる事態である。そうなれば国という管財人の下で再建を図ることになる。地方債の発行が制限されるなど、国の指導・監督下で府政運営をしなければならなくなり、府独自の施策はとりにくくなる。行財政計画はこうした事態を避けるため、十年間かけて改革を実施する大阪府のリストラ策だった。

行財政計画素案は、①一般行政職員約三、〇〇〇人を減らし、人口十万人当たりの職員数で全国最少のスリムな自治体を目指す、②府の事業と関係の深い出資法人の統廃合を進め、現在七九の法人を四十程度に半減させ、役員、職員の数を二十％削減する、③府の開発行政を担ってきた企業局を廃止し、新たに土地を取得し分譲する面的開発は行わない、④府民に対し府政の情報公開を進め、透明性を高める、⑤府の施策、事業について毎年度、施策評価を実施、府がやるべきことを厳選し、公共サービスで非営利組織（NPO）との協働を進める――などが骨子。こうした施策を通じ、十年間で総額約三、八三〇億円の歳出を削減する。同時に府税の徴収率の向上、職員住宅の廃止や府営住宅の建て替えにより処分できる府有地の売却などによって、約一、六二〇億円の歳入を確保するとしている。

役所との距離に悩む

これまで「大阪府の財政は破たん状態だ。それをはっきり認めるべきだ」と主張してきた小西だったが、この素案を最初に見た時は驚いた。企業局は千里ニュータウンや泉北ニュータウンなどの開発を手掛けてきた花形部署。しかし、近年、関西新空港の周辺整備事業である「りんくうタウン」や阪南スカイタウン事業では、バブル経済の崩壊による地価下落など事業を取り巻く経済社会環境の変化で、計画通りに事業が進んでいなかった。とはいえ、土地を取得し分譲する面的開発は役人が最もやりたがる仕事。それをあきらめるのだから、府も本気だな、と小西は感じた。

だが、素案には教育、文化、福祉など様々な行政サービスの削減も盛り込まれている。府民に「痛み」をもたらす改革を遂行するには、府民への説明が欠かせない。府が率直に失敗を認めることが大事だと思った小西は、行財政計画の中に反省の弁を盛り込むよう求めた。小西には反省の弁を書いてこそ、この計画が府民に真にアピールするものになるとの思いがあったのである。小西の主張に知事の太田も「その通りね」と同意した。

財政学が専門の小西は自治体の仕事に関わることが多い。常に悩むのは、役所との距離の置き方だ。役人には学者を自分たちの都合の良いように便利に使おうとする発想があると思う。厳しいことを言うと遠ざけられる。太田の同意を取り付けた小西は、サポーターズ懇話会に参加して、ようやく一つ仕事ができたと思った。

大阪府の行財政計画案は、小西らサポーターズ懇話会のメンバーや府民から寄せられた約二、四〇〇件の意見などを踏まえて素案が手直しされて、二〇〇一年九月十九日、太田によって発表された。計画案には、危機に陥ったことへの府の反省が、素案より明確な形で書き込まれた。

予算編成の改革提言

大阪府は行財政計画で予算編成の改革も打ち出していた。従来の予算編成システムは、府の総務部が各部と折衝しながらボトムアップ方式で行っていた。新しいシステムではこれをトップダ

小西関西学院大学教授

ウン方式に変える。そのため各部の部長を集めた「再生戦略会議」を新たに設置し、それぞれの部署の利害を超えて予算編成の重要課題を討議し、それを予算編成に生かす仕組みにする。これは財政収支などの見通しを踏まえて、限られた財源を効果的に配分しようとの狙いからだ。ただ、あらゆる予算を削るのではなく、大阪の再生のため重点配分しなくてはいけないものには、他の施策の見直しなどを通じて生み出した財源を活用する「再生予算枠」を設けることにした。

この改革も、小西の提案がきっかけになって盛り込まれたものだった。行財政改革がテーマになった五月のサポーターズ懇話会で、小西は総予算に枠をはめるためには国の経済財政諮問会議や三重県の財政会議の手法が有効と主張していた。三重県は知事の北川正恭の下で行財政改革が進んでおり、事業の必要性や費用対効果を徹底的に吟味し、一定の基準を満たさない事業には原則予算を付けない「厳選主義」で歳出抑制を図っている。部長以上で構成する財政会議を開き、予算編成の基本方針を討議、重要な事業は何かを議論している。

三重県は一九九八年に県がどんな資産を持ち、どれだけ負債を抱えているか明らかにするため、企業と同様のバランスシート（貸借対照表）を他の都道府県に先駆けて導入した。バランスシートは負債の部に県債の残高や債務負担行為、資本の部に地方税や地方交付税などを計上、資産の部には現金、預金などの流動資産と道路、港湾施設、建物、土地などの固定資産を計上した。小西はこのバランスシート作成に携わるなど、三重県との関わりは深い。

三重モデルを大阪に

小西は三重県の試みをベースに、改革の理想的な姿を示した「行財政システムのスタンダード」を作った。これは理想的な行財政システムのありようについて議論を深めるとともに、現状がどんなレベルにあるのか検証しようというもので、行革の理念、長期計画、事業評価、予算システム、発生主義会計、人事評価システム、監査制度、財政運営、情報公開などについて自治体がそれぞれの改革度をチェックする一〇〇項目のリストを設けている。これを大阪府、京都府、兵庫県、滋賀県、和歌山県、奈良県、三重県、福井県、徳島県の二府七県と大阪市、京都市、神戸市の産官で構成する「関西広域連携協議会」に持ち込み、議論している。小西は三重県の行財政システムが最も進んでいると見ており、同県の改革モデルを大阪府など関西の地方自治体にも応用したいと考えている。

小西は一九六〇年、大阪市生まれ。関西学院大学の経済学部を卒業後、大学院に進み、博士課程を修了した。一九九二年に関西学院大学産業研究所助教授に就任、一九九八年に教授に昇進した。財政学が専門だけにフィールドワークを重視しており、一週間に一回は行政の現場に出かける。自治体の現場の実態から発想しないと良い政策提言はできないと考えており、月に二回、宝塚市、堺市、尼崎市、川西市、八尾市などの財政・企画担当者との勉強会も開いている。

深刻化する日本の財政危機。国と地方を合わせた公的債務残高は約七〇〇兆円に達する。財政学者として日本の財政事情に強い懸念を抱くが、日本の改革の第一歩はまず生まれ育った大阪から と、府の財政再建に尽力したいと思っている。

第6章

企業経営の現場で

中谷巌

「個の論理」で生きる

NAKATANI IWAO

緊張した取締役会

二〇〇一年七月二六日午前、東京・北品川にあるソニー本社七階の取締役会議室に、張りつめた空気が流れていた。ソニーはこの日午後、同年四―六月期の決算発表をすることになっていた。同社の連結決算は、パソコンやテレビなどの主力製品の販売に急ブレーキがかかったうえ、携帯電話に相次いで不具合が発生したため回収費用などが一三一億円にものぼったことや、子会社のアイワのリストラに伴うコスト負担などが響き、営業利益は前年同期に比べ九割減の三十億円に落ち込み、経常損益は一四三億円の赤字となり、税引き後の最終損益は三〇一億円の赤字になった。業績が急激に悪化したことでこの決算が外部からどう受け止められるか、社外取締役が出席する取締役会は最初の試金石になるだけに、会長の出井伸之、社長の安藤国威をはじめとした執行部側の表情は硬かった。

取締役会ではまず、執行役員専務の近藤章が決算の説明をした後、最高財務責任者（CFO）で副社長の徳中暉久が決算の発表の仕方について説明した。二人の話が終わった後、質問の口火を切ったのは社外取締役を務める多摩大学教授の中谷巌だった。「どうして予測の数字と違ったのか」。中谷は厳しく追及した。決算内容は当初の予想を大幅に下回るものだったからである。執行部側が米国ハイテク景気の急速な悪化や携帯電話の不具合発生などの事情を説明すると、「今年度通期の決算見通しはこの程度の下方修正でいいのか」とたたみかけた。

ソニーは四―六月期の大幅な業績悪化に伴い、二〇〇一年度の連結決算見通しも下方修正した。売上高は当初予想より三、〇〇〇億円減の七兆七、〇〇〇億円、営業利益は五〇〇億円減の二、五〇〇億円、最終利益は六〇〇億円減の九〇〇億円と算出していた。米国の景気急減速などから見て、通期の業績はさらに悪化するのではないかと、中谷は疑問に思ったのである。決算発表をめぐって白熱した取締役会は約三時間続き、四―六月期の決算と二〇〇一年度業績見通しが承認された。取締役会の了承を得てこの日午後三時、ソニーは決算発表をしたのである。

「社内の論理」を排除

ソニーの取締役会は通常月一回。それ以外にも重要な案件が生じるごとに開かれる。社外取締役は日本企業が米国流の株主重視の経営を進めるために導入したもので、コーポレートガバナンス（企業統治）強化の一環である。社外の人材を取締役にすることで社内に緊張感を与え、企業経営の活性化を図ることが目的だ。当時、中谷と一緒に社外取締役を務めていたのは、さくら銀行（現在の三井住友銀行）元会長の末松謙一、元米国商務長官のピーター・G・ピーターソン、ABBの元最高経営責任者（CEO）のヨーラン・リンダールの三人である。末松には金融の知識、ピーターソンには米国流の物の考え方、リンダールには欧州からの視点やグローバル企業の経営の手法についての知識が、それぞれ求められていた。中谷には、経済全般の知識とともに、学者が企業をどう見るか、その視点がソニーの経営に役立つのではないかと期待されていたのである。

中谷が社外取締役として最も気を遣うのは、会社の内部の論理による安易な意思決定のチェックだ。中谷は言う。「企業には歴史的な経緯やしがらみで冷静な判断を下せない時がある。それに対してわれわれのような外部の人間は客観的に企業の利益のみを考えて物が言える。例えば大胆なリストラを断行しなくてはならないという場合、経営者としてはドライに割り切れないケースもある。内部の論理に基づく判断が企業経営のブレーキにならないよう監視することが、社外取締役の役目だ。われわれの指摘で執行部がはっとすることがよくある。それで意思決定が修正されることもあった」

取締役会に事務局として参加していた経営業務室長の橋谷義典は、中谷が納得するまで執行部側を質問攻めにする光景を何度も見たと証言する。出井や取締役会議長の大賀典雄も、中谷のコメントを重要視していたという。

携帯電話提携で助言

二〇〇〇年秋から二〇〇一年夏にかけて大きなテーマになった案件は、スウェーデンのエリクソンとの携帯電話端末事業の提携だった。二〇〇一年十月、ソニーとエリクソンはそれぞれ五〇%ずつ出資し、両社の携帯電話事業を移管して、製品開発・設計から販売・物流及び顧客サービスまで一貫した事業を行う新会社「ソニー・エリクソン・モバイル・コミュニケーションズ」を設立した。「エリクソンの高度な通信技術開発力と、ソニーの民生用エレクトロニクス製品での技術開発力を結集する」というのがうたい文句だが、業界には冷ややかな見方もあった。というのも、当時欧州を中心とする携帯電話市場は急速に環境が悪化、エリクソンの携帯電話端末事業は業績が悪化し、厳しいリストラを迫られていたからだ。

事業提携の交渉が始まった二〇〇〇年十月から合弁会社設立で基本合意する二〇〇一年四月まで、この案件は何度も取締役会の議題になった。携帯電話市場で世界の首位に立つのはフィンランドのノキア。だが、そのノキアですら、利益率が悪化していた。NECと松下電器産業、松下通信工業も提携、「日の丸連合」を組んでおり、一社では無理というのは誰の目にも明らかだった。その意味では提携は時代の流れだが、エリクソンと組むことで事業はどこまで発展するのか。「世界の携帯電話市場は大きく変化している。首位のノキアを追い抜くくらいの戦略を持たないとだめだ」と、この問題でも中谷は積極的に発言した。

ソニーも構造改革

ソニーは日本有数のブランド力を持った会社である。米国や欧州で日本の首相の名前を知らない人でも、「ソニー」は知っている。だが、冷戦終結後のグローバリゼーションの進展で、中国をはじめ労働コストの安い国の商品が世界にあふれ、エレクトロニクス業界にも低価格化の波が押し寄せている。こうした流れに対し、ソニーはそのブランド力で対抗してきたが、中谷はソニーといえども安閑としていられないと見る。

ブランド力とは、その企業の商品が他社のそれより、例えば一割高くても、この会社の商品なら と消費者が納得して買ってくれる企業イメージの高さである。それがある限り会社は安泰だが、急激な低価格化の中で、ソニーももう一段ブランド力を引き上げないと太刀打ちできない、と中谷は言う。ソニーも本格的な構造改革の時期を迎えており、強い事業部門、競争力のある商品分野に特化し、経営資源を集中させていく戦略が欠かせない。中谷は出井をはじめとした経営陣に、繰り返しこのことを主張している。

兼業問題で大学辞職

中谷がソニーの社外取締役に就任したのは、一九九九年六月である。「やってみないか」という出井の誘いに、当時一橋大学の商学部教授だった中谷は、最初ちゅうちょした。というのも、国家公務員法で国立大学教官と民間企業役員の兼業は禁止されていたからである。渋る中谷に出井は「文部省も最近変わってきているから大丈夫。聞いてみたら」とプッシュした。

日本を代表する大企業の取締役会に参加し、その議論を聞くだけでなく、意見も言える。経済学者にとって、こんな面白い経験はないだろう。出井の誘いに中谷は次第にその気になった。中谷の打診に対し、国立大学を所管する文部省は前向きだった。だが、そこに立ちはだかったのが人事院だった。「国家公務員である国立大学教授には、民間の営利企業役員との兼務は認められない」と、首を縦に振らない。文部省は当時の佐藤禎一事務次官が「実現に向け努力する」と陣頭指揮をとり、人事院に働きかけたといわれるが、人事院の姿勢は最後まで硬かった。結局、中谷は一橋大学教授を辞任してソニー社外取締役に就任した。

中谷は大学教授の座を捨てることになったが、国立大学教授の兼職問題は世間の大きな話題になり、国立大学や産学交流のあり方に一石を投じた。中谷は当時、小渕恵三首相の私的諮問機関である経済戦略会議のメンバーを務めていたが、この問題について小渕首相は、「国立大学教授であっても民間企業の業務を学び、企業がこうした人材を活用するのは望ましいこと」との見解を示し、兼業容認を可能にするよう文相に指示を出した。

中谷はこの時を振り返って、「首相が検討を指示したとの話が伝えられた時はいけるかもしれないと思ったが、人事院のかたくなな姿勢は微動だにしない。そうこうしているうちにソニーの株主総会のタイムリミットが近づいてきた。人事院から『顧問なら構わない』との打診もあったが、それでは意味がないと思った」と語っている。中谷は自ら関わった経済戦略会議の答申で、国立大学教官の兼業を認めるべきだとの提言を出していた。最後はこの問題を世間に訴える意味もあって、ソニー社外取締役就任にこだわった。実際、その試みは無駄ではなく、中谷の問題提起が契機となって法整備が進み、二〇〇〇年四月には、国公立大学教官が民間企業の役員を兼務できるようにする産業技術力強化法が国会で可決され、成立した。ただ、兼任が認められるのは、研究成果の事業化を目的に企業の取締役に就任する場合や、監査役に就任する場合に限られている。

経営に知識を総動員

一橋大学を辞めた中谷のもとには、約二十もの私立大学から誘いの声がかかった。その中で一番自由な活動ができそうな条件を提示してきた多摩大学を選び、一九九九年十月に同大の経営情報学部教授に就任、またシンクタンクの三和総合研究所（現ＵＦＪ総合研究所）に顧問として入り、二〇〇〇年四月に理事長に就任している。

中谷は出井のことを、「生まれつきのＣＥＯ」と評する。「二一世紀のビジネスはどうあるべきか常に勉強しており、その方向性について鋭い感覚を持っている」と言う。国立大学教授の座をなげうってまでこだわったソニーの取締役会入りだったが、「あのまま大学に残っていても犬の遠ぼえをしているに過ぎなかった。ハードからソフトまで手掛けるソニーは世界でも珍しい会社。取締役会では決定を誤ると会社の経営を大きく揺るがすような大型投資案件が議論される。自分のありったけの知識を動員して意思決定に関わっており、すごい緊張感がある。学者としても非常に勉強になる」と語っており、後悔は全くない。

一橋大学を辞めた中谷はソニーだけでなく、様々な企業に関わるようになった。オフィス用品通販のアスクル、衛星通信会社のＪＳＡＴ両社の社外取締役に就任したほか、日興コーディアルグループの経営諮問委員会座長、フランスの自動車メーカー、ルノーと日産自動車のインターナショナル・アドバイザリー・ボードのメンバーにもなった。アスクルではマクロ経済全般の知識が期待されており、ＪＳＡＴでは取締役会に設置された報酬委員会の議長に就任、経営幹部の報酬などに関する処遇を決める仕事をしている。

ルノー・日産のインターナショナル・アドバイザリー・ボードは年三回程度、ニューヨーク、東京、パリで会議を開いている。メンバーは日本からは中谷のほか、前電通総研研究所長の福川伸次など全部で三人、米国からはゼロックス前会長のポール・アレアら二人、欧州から五人となっている。ルノー会長のシュバイツァー、日産会長の塙義一が共同議長を務め、両社の世界戦略を議論している。「これらの会社は状況が異なり、それぞれ様々な課題を抱えている。例えばアスクルは一九九七年にできたばかりの会社で、売り上げが倍々ゲームで伸びている急成長企業。こういう若い会社には、私のような年寄りの意見が必要だ。私の方もいろいろな企業を見ることで非常に勉強になる」と語る。中谷には、経済学者は社会に還元できる仕事をすることが重要との思いがある。特に経営学は現場を知ることが欠かせない。自分の知識を総動員して企業経営に関わるとともに、その経験を生かし、日本企業共通の問題を体系的に書いてみたいと思っている。

日米の違い実感

中谷は一九四二年、大阪に生まれた。六一年に一橋大学に入学、六五年に卒業した後は日産自動車に入社しており、はじめから学者を目指したわけではない。

日産で対米輸出部門に配属された中谷は、当時赤字だった日産の対米輸出を黒字にするため、競争相手の価格構造に関する研究を一人で始め、百ページものリポートを作り上げる。しかし、係長、課長、次長、部長の順番で上に回っていったリポートについて、みんな「すごいね」とほめてはくれるが、実際に採用される気配はない。業を煮やし、輸出担当の役員のところにリポートを持っていった。一週間後に呼び出された中谷は、その役員から「これは実施するけれど、君のやり方はルール違反だ」と言われる。直属の上司を飛び越して役員に直接アピールしたやり方が、日本企業の慣行からは特殊に見えたのは想像に難くない。この一件がきっかけになり、会社での居心地が悪くなる。「会社を辞めようか」との思いが芽生え始めた。その後、四カ月間、仕事で北米のディーラー網を視察する機会があり、米国に関心を抱き、留学を決意した。こうして中谷は四年間務めた日産を休職し、米ハーバード大学大学院に入った。米国の大学は入るのは易しいが出るのは難しいとよく言われるが、ハーバードでの毎日は中谷の想像を絶するもので、勉強に次ぐ勉強。中谷は「生まれて初めて能力いっぱいを使った」と、このころを振り返っている。

すでに結婚し、二人の子を連れて米国暮らしをしていた中谷の生活は楽ではなく、奨学金はもらっていたものの生活費が足らず、教授のリサーチアシスタントに応募した。当時、ハーバードにはノーベル経済学賞を受賞したケネス・アローがいたが、中谷はアローが新入生の自分を一人前に扱ってくれ、日本経済についての見解を求められたことに驚いた。日本企業は終身雇用制で人間重視の経営だといわれるが、日本の企業では若造が生意気なことを言えば十年早いとたしなめられるのがおち。このことは日産での経験で身にしみていた。日米の違いに触れたことが、後に日本の企業経営を本格的に勉強する大きな動機になったという。

経済戦略会議に参加

ハーバード大学で博士号を取得した中谷は帰国し、一九七四年に大阪大学へ赴任、経済学部助教授を経て、八四年に教授に昇進する。九一年に母校の一橋大学に戻り、教授に就任。このころから経済政策について積極的に提言するようになり、九三年には細川護熙内閣の諮問機関「経済改革研究会」(平岩研究会)に参加、経済規制の撤廃を強く主張した。九八年には小渕恵三内閣の諮問機関「経済戦略会議」のメンバーに選ばれ、議長の樋口広太郎(アサヒビール名誉会長)を補佐する議長代行として「日本経済再生への戦略」のとりまとめに当たった。この時の戦略会議のメンバーには経済財政担当相の竹中平蔵、東京大学教授の伊藤元重らがいた。「再生への戦略」は経済財政諮問会議がまとめた「骨太の方針」の基礎になるもので、それは「骨太の方針」のとりまとめ役になった竹中も認めている。竹中が「私は中谷さんの代理人」とよく口にするのは、このことが背景にあるからだ。

いま外野席から竹中平蔵を応援する中谷は、「規制緩和がメインテーマになった平岩研究会では、改革を提案すると、官僚や業界などの抵抗勢力の反攻がすごかった。電話がかかりクギを刺されたり、『ご説明にあがりたい』という役人の攻勢がすさまじかった。これに対し経済戦略会議の時はそういうことが大幅に減った。郵貯民営化など官僚の抵抗で削られた箇所もあるが、かなり自由に議論し、答申に提言として盛り込むことができた。経済財政諮問会議はさらに一歩進んで、国家予算の基本方針を議論した。財務省以外のところが予算編成を議論するなんて従来は考えられないことで、ここ七、八年の変化は大きい」と語る。

CEOを養成

「私は中谷さんを失業させた責任をずっと感じていた。学長になられたので、ほっとしています」——。二〇〇一年九月二十日、多摩大学長に就任した中谷のお披露目パーティーが東京のホテルオークラで開かれた。竹中とともに来賓として招かれたソニーの出井伸之はあいさつの中でこう語り、中谷の学長就任を祝った。確かに出井の誘いがなければ、中谷は一橋大学を辞めることもなく、ソニーの社外取締役になることも、多摩大学の学長になることもなかったろう。

多摩大学の学長になった中谷は矢継ぎ早にかねてからの構想を実現に移す。その一つが「四十歳代CEO講座」である。欧米の大企業では四十歳でCEOに就くのは珍しいことではない。米ゼネラル・エレクトロニック（GE）のジャック・ウェルチがCEOに就任したのは四十代半ば。

中谷巌の主な役職

多摩大学長
UFJ 総合研究所理事長
ソニー社外取締役
アスクル社外取締役
JSAT 社外取締役
日興コーディアルグループ経営諮問委員会座長
ルノー・日産自動車のインターナショナル・アドバイザリー・ボードのメンバー

2000年秋、米国で開いたソニーとヒューレット・パッカード（HP）の合同役員会議で
（前列左端が中谷ソニー社外取締役、前列右からフィオリーナ HP 会長、出井ソニー会長）

その後任のジェフリー・イメルトも四十代。ヒューレット・パッカードの女性ＣＥＯ、フィオリーナも、日産自動車のカルロス・ゴーンも四十代でＣＥＯになっている。年功序列がいまでも幅を利かす日本では、六十代になってから企業トップになるのが一般的だ。中谷は「日本では四十代で能力のある人がうずもれている。会社でごく限られた範囲の仕事しかできない。人材的に大きな浪費だ」と言う。

中谷はこうした風潮に一石を投じる意味も込めて、渋谷マークシティにある多摩大学ルネッサンスセンターで、四十代でグローバルリーダーとして通用する人材を養成する講座を始めた。趣旨に賛同してくれる企業から将来トップになるような人材を出してもらい、一年間の講座を開く。その内容は、日本の経営者が外国に行った時によく話題になる国際政治や経済、宗教の問題に強くなるように、まず現在世界が抱える構造問題を歴史、政治、経済、宗教の側面から分析する講座から始め、次いで日本の抱える構造問題、日本企業の諸問題と進み、最後は自分の会社の構造問題について分析し、提言の発表で締めくくる。この間、海外調査や合宿なども実施することになっている。講師にはグローバル企業のＣＥＯ、日本企業の創業者社長、国際的に活躍する芸術家やスポーツ選手、建築家など多彩な人たちを予定している。旧来の閉鎖的な大学のあり方に以前から疑問を持っていた中谷には、大学と社会の交流を進めたいとの思いが強く、ＣＥＯ講座はその一環である。

自己発見促す

多摩大学の一、二年生を対象にした授業でもユニークな試みを始めた。英語を母国語とする人を講師に二年間実践的な英語教育をして、学生ができるだけ英語を話せるように特訓する。英語がもともとできる人は通訳になるくらいに、英語が苦手な人でも道案内ができるくらいの力をつけさせることを目指す。午前最初の授業でまず英語を教え、その後ほかの講義という順番で進める。また新入生全員を対象にした「自己発見講座」も行っている。受験勉強から解放され、大学に入ったばかりのころは何のために勉強するのか、社会とは何なのか分からない学生がほとんどだ。そういうことを考える契機になればとの狙いから、学生を十人くらいのチームに分け、多摩大学のある多摩市が抱える問題をテーマに街を歩かせ、問題の解決策を探すフィールドワークをする。この講座を通じ、役所の役割とは何なのかなど、世の中の問題に興味を持ち、自分の頭で物を考える習慣を身につけるよう教育する。

中谷は、これからの日本はグローバルな物の見方、考え方が必要であるとともに、日本人それぞれが何のために生きているのか、その意味を理解し、自分の考えに基づいて生きていくことが重要だと思う。英語の集中講座や自己発見講座を必修にするのは、そうした考えが背景にあるからだ。

日本むしばむ「組織の論理」

中谷は、日本社会をむしばんでいるのは「組織の論理」だと言う。最近の外務省の問題や雪印乳業、日本ハムなど企業の不祥事、小泉構造改革に対する官僚の抵抗の背後には、組織優先で物を考えるがゆえの暴走、情報隠ぺい、利権確保など様々な問題がある。これに対し中谷は「個の論理」優先で生きてきた。日産を辞めたのも、一橋を辞めたのも、組織の論理ではなく自分の論理を優先したからである。「個の論理」だけでどこまで生きていけるか、中谷のこれまでの人生を見ても様々な摩擦があった。日本社会は和を重んじ、摩擦や意見対立を好まない社会だが、高度成長時代にうまく機能した官僚主導、護送船団、年功序列、終身雇用などの「組織の論理」がもはや有効に機能しなくなったのは事実である。

「個の論理」とともに中谷のもう一つの特徴は、彼が実践の人であるという点だろう。経済学者でありながら企業などの活動に関わることについて、中谷は「若い時の原体験が大きい」と言う。結局辞めたが、大学卒業後日産に務め、企業社会に身を置いたことが、中谷の中で大きな比重を占めているのかもしれない。中谷は、「大学教授として日本経済について自分の意見を言うということを続けてきたが、格好良いことばかり言っていたという思いもある。やはり実践しなくてはだめだと、還暦を迎えて思いを新たにした」と言う。

ブランド価値を求めて

伊藤邦雄

ITO KUNIO

経営諮問委で助言

「システム・インテグレーション（ＳＩ）サービス、携帯電話端末などの分野で安定した収益を上げる。安定収益分野で稼いだ資金は成長分野に投入していく」

二〇〇一年八月二一日、東京都港区のＮＥＣ本社役員会議室で開かれた経営諮問委員会。社長の西垣浩司は、七月三一日に発表した中期経営戦略の説明を始めた。西垣の話にじっと聞き入っていた一橋大学大学院商学研究科教授の伊藤邦雄が口を開いた。「ＮＥＣには豊富な特許がある。これを社外に開放することで収益を上げてはどうか」

伊藤は社外の有識者がＮＥＣの経営陣にアドバイスする経営諮問委員会のメンバーである。防衛庁の調達をめぐる背任事件で揺れたＮＥＣは、事件後に社長に就任した西垣の下で経営の透明性、健全性を向上させるコーポレートガバナンス（企業統治）の強化が急務になっていた。経営諮問委員会の設置もその一環で、委員には外部の視点から経営へのアドバイスをすることが求められている。

経営諮問委員会は年四回程度開かれ、メンバーは伊藤のほか、トヨタ自動車社長の張富士夫、米国シリコンバレーのコンサルタント会社であるミューズ・アソシエイツ社長の梅田望夫、日本経済研究センター会長の香西泰、国際経済研究所副理事長の中平幸典の四人である。張には日本有数の企業の現役経営者としての識見、梅田には米国の情報技術（ＩＴ）の動向やベンチャー企業に関する知識、香西にはマクロ経済に対する現状認識、元大蔵省財務官の中平には国際金融や米国、アジアの経済情勢についての分析が求められており、それぞれの専門分野から自由に意見を言ってもらうというのがＮＥＣの狙いである。一橋大学教授の伊藤に期待されているのは、当然のことながら経営学についての専門知識であり、ＮＥＣ側には学者の立場から客観的に同社の経営を分析してもらいたいとの思いがある。

委員会には社内から代表取締役の会長、社長、副社長も参加している。経営諮問委員会が設置されたのは二〇〇一年の一月だが、ＮＥＣは同時に取締役と執行役員の報酬について審議する報酬委員会も設置している。同社ではこれに先立つ二〇〇〇年十月、コーポレートガバナンスの強化策を発表、社外取締役の拡大を発表している。この時点で社外取締役は全取締役十七人のうち、住友銀行会長（現三井住友銀行特別顧問）の森川敏雄だけだった。ＮＥＣは毎年一―二人程度を社外から迎え、三年以内に五人に増やす一方、社内の取締役を絞り込むことで取締役会の全メンバーの三分の一を社外にすることを打ち出したのである。経営諮問委員会は社外取締役の陣容が強化されるまでの過渡的措置の面もあり、現状では人数が少ない社外取締役を補完する役割を期待されていた。

受け入れられた提言

「今度、経営諮問委員会というのを設置するんですが、そのメンバーになっていただけませんか。これは西垣社長からのお願いです」――。一橋大学の伊藤の研究室にNECから電話がかかってきたのは、二〇〇〇年の暮れだった。伊藤は五年以上も前からNECの経営者育成プログラムなどの講師を務め、同社の内部をよく知っていた。NECの関係者は伊藤を経営諮問委員に選んだ理由について、「日本の大学の先生にはケーススタディで教えることのできる人は少ない。伊藤先生はディスカッションしながら講義をするやり方で、研修を受けた人たちの評判も良かった」と語っている。

NECは日本を代表する会社であり、同社の経営は単に情報・通信の業界に影響を与えるだけでなく、日本経済全体に大きなインパクトを与える。話を聞いた時、伊藤はやりがいのある仕事だと思った。伊藤は常々、日本企業は技術力を磨くことには熱心だが、経営力を高めることを怠っており、これが日米の差になっていると感じていた。日本の会社は良い技術を持っているが、これが収益につながっていない。経営のイノベーションが必要だというのが伊藤の考えである。

西垣から「経営についてずばずば言ってください」と頼まれたこともあり、伊藤は経営諮問委員会の場でふだんから疑問に思っていることを次々に指摘していった。

第一回目の経営諮問委員会は二月八日に開かれた。最初の会合ということもあって、具体的なテーマは設定されず、NEC経営陣がこれまでの経営改革の取り組みを説明し、それについて意見交換が行われた。この中で伊藤は以下のような発言をしている。

「NECは中堅クラスの潜在能力は高いが、善意のイノベーションキラーが多い。部下への優しさ、思いやりが結果として若手のイノベーションの芽をつぶす傾向がある。またNECは社内カンパニー制に移行したものの、根強い大企業意識がある。戦う相手が専業化した企業になっているにもかかわらず、かつてIBMや富士通と競合していたメインフレーム時代と同じ事業スタイルのままである。ソリューション事業の遂行のためにはマーケティングをもっと高く位置づけないとだめだ。NECはテクノロジーのR&D（研究開発）には熱心だが、事業の仕組みであるビジネスモデルのR&Dが遅れている。不透明で変化の激しい時代には、ビジネスモデルをもっと研究し、モデルそのもののR&Dを進めていく必要がある」

この伊藤のアドバイスは五日後にNEC取締役専務で社内カンパニーの一つであるNECソリューションズ社長の金杉明信のホームページに掲載され、社員に公開された。また社長の西垣も経営諮問委員会の概要をイントラネットの社長通信で流し、「伊藤委員からはトップの考えているることが末端まで伝わっていないとの指摘があった」と言及した。これを聞いた伊藤は、経営改革に賭けるNECのやる気は本物だと驚いた。経営諮問委員会を単なるご意見拝聴の場にせず、経営幹部にとっては耳障りな発言でも社員と共有しようとしている。伊藤のやる気が高まったのはもちろんだ。さらに委員会から二カ月足らずの四月二日、ＮＥＣソリューションズの中にビジネスモデル開発を強化する組織として「ソリューションズ開発研究本部」が新設された。伊藤の提言が実際に経営の意思決定に取り入れられたのである。

カギ握る企業ブランド

ＮＥＣは四月二三日、地域のソフト開発子会社十社の統合・再編を発表した。システム構築事業の成長のカギを握るソフト開発技術者を、需要の伸びている首都圏のシステム構築事業とソフト開発に集中するため、ＮＥＣソフトは十月一日付でＮＥＣソフトウェア新潟や長野、静岡の地域ソフト開発会社三社を吸収合併、ＮＥＣソフトウェア沖縄を子会社化する。またＮＥＣが全額出資するＮＥＣソフトウェア関西をはじめ、神戸、岡山、広島、四国の地域ソフト開発会社五社を同じく十月一日付で対等合併させることにした。

これを受けて、五月二九日に開かれた第二回目の経営諮問委員会では、ＮＥＣのグループ会社の整理・統合がテーマになった。この時、伊藤は「子会社を再編して新しい会社をつくろうというなら、グループの求心力を強化するコーポレートブランドを高めないといけない」と指摘した。ＮＥＣは経営構造改革の一環として企業価値の最大化を図る方針を打ち出していたが、企業価値を高めるには会社のブランド価値を高めることが必要だと訴えたのである。

会社のブランド価値とは、人々がその会社に対して抱くイメージを決定づける無形の個性だ、と伊藤は言う。その会社のブランド価値が高ければ高いほど、人々はその会社に高い信頼感や安心感、あるいは愛着を覚え、多くの顧客がその会社のファンになる。企業が高いブランド力を持っていれば、価格競争から解放され、企業は競争力を維持できるのである。ブランド力強化には企業理念の明確化が欠かせない。ＮＥＣにはかつて「Ｃ＆Ｃ（コンピューターと通信）」という会社の方向性を示す標語があった。二十年以上も前にできた標語で、当時としては最先端を行くイメージがあったが、時代の大きな変化の中でもはやこのスローガンも陳腐化してきた。そこで伊藤の提案もあり、ＮＥＣは新しい時代に適合した企業のブランドイメージを一言で表現するようなスローガンづくりに乗り出した。

旧電電公社ファミリーの一角だったＮＥＣは、一九八〇年に社長に就任した関本忠弘のもとでパソコンや周辺機器、ファクシミリなどの情報機器や半導体事業を強化、日本の代表的なハイテク企業に成長した。だが、九八年に防衛庁の装備調達に関する背任事件が発覚、ＮＥＣグループからも逮捕者が出た。官公庁との癒着問題が表面化し、当時会長だった関本が退任した。事件に加え業績も悪化、九九年に社長に就任した西垣は、大幅な人員削減を柱としたリストラやコーポレートガバナンス強化、社内カンパニー制の導入など経営改革を進めてきた。こうした中、米国のハイテク景気悪化を受け二〇〇一年七月に発表した二〇〇一年度中期経営戦略は、ＩＴ不況を克服して次の成長への飛躍を図ることを目指していた。

知的財産戦略を提唱

NECの中期経営戦略の骨子は、①低迷する半導体部門の思い切ったリストラ、②安定的な経営基盤の確保を図った上でのグローバルな成長に向けた戦略展開——である。

①では、市況変動の激しいDRAM（記憶保持動作が必要な随時書き込み読み出しメモリー）事業からNEC本体は撤退し、日立製作所との共同出資会社であるエルピーダメモリに集約するほか、九州にあるNEC福岡、NEC大分、NEC熊本の三つの半導体組み立て会社を一つに統合するなど国内工場の再編に着手する。一連の合理化策により半導体部門の人員は国内、国外合わせて約四、〇〇〇人の削減となる。半導体事業を展開するNECエレクトロンデバイスは今後、システムLSI（大規模集積回路）へ事業を集中することになった。

②では、システム構築やパソコンなどを担当するNECソリューションズがシステム・インテグレーション（SI）の事業を強化、堅調な国内市場で安定的な収益確保を図る。また、携帯電話の端末やインフラを構築するNECネットワークスは、携帯電話端末で収益を確保した上で、光ネットワーク、IPネットワーク、モバイルネットワーク、モバイルターミナルの四つの事業に経営資源を集中、成長を目指すことになった。

こうした戦略により、NECは売上高を年率六％成長、営業利益率を六・四％、ROE（株主資本利益率）を十五％にすることを目指す、としている。

二〇〇一年八月二一日の経営諮問委員会では、この中期経営戦略をどう実行するかが大きなテーマになった。この時、伊藤が主張したのは、NECが持つ知的財産を戦略的に活用することで収益基盤にすべきだという点だった。NECは豊富な特許を持っている。新しい技術を開発し、それを製品化すればいいが、それが新製品につながらないのであれば、休眠特許になってしまう。伊藤は自社で製品化が困難な技術は他社に売ることも考えなければならないと指摘する。特許を社外に開放することで収益源にする知的財産戦略が必要だというのである。

重要性増す無形資産

伊藤によれば、一九八〇年代の日本は本社ビル、工場、営業所など有形資産を豊富に持つ資本力のある企業が強かったが、九〇年代に入って様相は一変した。有形資産はいまや負の遺産になっており、これにこだわる企業は動きがとれなくなっている。いま重要なのは、ブランド、特許、ビジネスモデルなど目には見えない無形資産であり、これをいかに豊富に持つかが企業の競争力を決めるという。企業価値を決めるのは有形資産ではなく、無形資産であるというのが伊藤の持論だ。実際、米国では早くから経営者がこのことに気がついており、例えば米自動車メーカー、フォード・モーターは部品会社などを切り離し、有形資産を減らす一方でボルボなどのブランドを買うことに力を入れる戦略を進めている。

伊藤が無形資産の中でもとりわけ重視するのが、ブランドである。高いブランド価値は、まず製品やサービスの提供を通じて、顧客に他では味わえない深い満足と価値を与える。その結果、

企業のセミナーで講師を務める伊藤一橋大学教授

顧客はファンとなり、企業に長期安定的なキャッシュフローをもたらす。キャッシュフローの水準が高くなり、資本コストが引き下げられれば、株主にとってもその企業の価値は高まる。高い価値を持つブランドは従業員に誇りと夢を与えるだけでなく、高い報酬をもたらすことになる。このように企業のブランド価値は顧客、株主、従業員という企業のステークホルダー（利害関係者）それぞれの価値を連結し、三者の間にシナジー（相乗効果）を生み出し、企業の価値を高めることになる。

日本ではこれまで、米国型経営と日本型経営のどちらをとるか、というような議論が盛んに行われてきた。米国型は株主重視で、日本型は従業員重視と決めつけ、その優劣を問い続けてきたのである。だが、企業経営にとって株主も従業員もともに重要な存在であることは言うまでもない。伊藤は古い対立の図式を捨て、ステークホルダーに利益の連鎖をもたらすべきだと主張する。その新しい経営モデルが、ブランド価値を重視するコーポレートブランド経営なのである。NECも株主価値、顧客価値、従業員価値の三つの価値の好循環により、企業価値を高めることを経営改革の目標に掲げている。

伊藤はNEC以外にも三菱商事、三井不動産などの企業経営に関わっている。三菱商事では同社が二〇〇一年七月に設置したガバナンス委員会のメンバーになった。この委員会は取締役会の経営監督機能を強化するもので、コーポレートガバナンスに関する基本原則の確立や順守状況のチェック、執行役員の報酬制度の整備などを担っている。また三井不動産ではやはり同年七月に設置された経営に対する助言機関、アドバイザリー・コミッティの委員を務めている。

ビジネスに皮膚感覚

伊藤は一九五一年、千葉県の呉服店の長男として生まれ、幼少時から商売を間近に見て育った。実学をやりたいと早くから思い、一橋大学の商学部に進んだ。父親からは家業を継ぐことを期待されていたが、大学三年の終わりごろ、経営学者になりたいとの思いが強くなり、大学院の修士課程進学を決意する。父親は反対したが、それを押し切って進学した。博士課程修了後、一橋大学で講師になり、一九八四年に助教授に就任。八七年から八八年にかけて米スタンフォード大学に留学した。シリコンバレーのベンチャー企業やベンチャーキャピタルを見て、そのオープンなカルチャーや情報ネットワークのすごさに驚いた。留学時代には米国を代表する経営学者、ピーター・ドラッカーにも会い、刺激を受けた。伊藤は「経営学者というより歴史学者という感じだった。歴史への深い洞察を踏まえて今日の企業社会を見ている」とドラッカーの印象を語っている。帰国後、通産省通産研究所特別研究官を務め、一九九二年に一橋大学教授となった。

商売人の家に育っただけに、伊藤はビジネスを皮膚感覚で知っている。ビジネスに関心はあるが、自分のフィールドはあくまで大学だとわきまえている。企業経営の現場を見ながら大学で教えるのが一番肌に合うという。ブランド価値こそ企業経営の中核と考える伊藤がいま学者として最も力を注ぐのは、ブランド価値の測定モデルの構築だ。このモデルを世界標準にすることが、当面の目標である。

第7章

起業家を育てる

草創期ベンチャーを支援

吉田和男

YOSHIDA KAZUO

構想を自ら実現

大阪府寝屋川市にあるX線分析機器メーカーのアワーズテック。一九九九年六月に設立されたばかりのこの会社に二〇〇一年三月、約一億円が投資された。投資したのは、京都の有力企業の経営者など産官学で構成する「関西ベンチャービジネス研究会」のメンバーだ。この研究会の代表世話人を務めるのが、京都大学大学院経済学研究科教授の吉田和男である。吉田が京都財界に頼まれ、ベンチャー振興策を発案してから五年の歳月が流れていた。

吉田が住む京都は戦後、ベンチャー企業を輩出したことで知られる。だが、京セラ、ローム、堀場製作所、村田製作所などの第一世代、日本電産、サムコインターナショナル研究所など第二世代に続く第三世代のベンチャー企業が生まれていない。そこで振興策を考えようと、吉田に白

吉田京都大学教授

羽の矢が立った。吉田は京都商工会議所と京都経済同友会の「京都ベンチャービジネス総合支援機構構想」策定委員会の座長となり、一九九六年六月、構想をまとめた。

構想は、ベンチャービジネスへの投資を目的とした株式会社「京都ベンチャーキャピタル」と、ベンチャー企業に対する経営支援などを行う財団法人「京都ベンチャービジネス・ネットワーク」の二つの法人を設置するという案だった。しかし、具体策をめぐる京都財界内の意見がまとまらず、景気の悪化とともに振興策の実施は見送りとなった。せっかくの構想がお蔵入りである。当然、吉田は納得がいかない。吉田は構想づくりに関わった経験をいかし、「ベンチャービジネスは日本の救世主」という著作を書いたが、それだけにとどまらず、何とか自分の思いを実践したいと強く思うようになった。

産官学で研究会設立

吉田は日本経済活性化のカギはベンチャー育成にあると考えている。バブル崩壊後、日本でも不況脱却のための施策として通産省など官庁のベンチャー支援策が相次いで打ち出されていたが、従来の中小企業対策の域を出ておらず、吉田の眼には真のベンチャー育成策とは映らなかった。通産省の言うベンチャービジネスとは元気の良い中小企業であり、中小企業とベンチャー企業の区別も不明確だった。特に日本では草創期の初期段階にあるベンチャーには大手のベンチャーキャピタルも投資をせず、ベンチャーが育つ仕組みが整っていない。これを何とかしなくてはならない、というのが吉田の思いだった。

米国では、マサチューセッツ工科大学（ＭＩＴ）やスタンフォード大学のように、大学がベンチャー育成の拠点になるケースが少なくない。吉田は日本でも大学人が中心になって初期段階のベンチャーを育てる仕組みが欠かせないと考えた。自分がやるしかないと思った吉田はＭＩＴの起業家支援ネットワークである「ＭＩＴテクノロジー・ネットワーク」のような非営利組織をモデルに、産官学のベンチャー育成機関をつくることにした。こうして一九九九年四月、関西ベンチャービジネス研究会が設立されたのである。

吉田の呼びかけに、産業界からは当時、京都商工会議所会頭だった京セラ名誉会長の稲盛和夫、堀場製作所会長の堀場雅夫、住友電気工業相談役の川上哲郎、西日本旅客鉄道（ＪＲ西日本）会長の井手正敬、村田機械社長の村田純一、ウシオ電機会長の牛尾治朗らが、官界からは元通産事

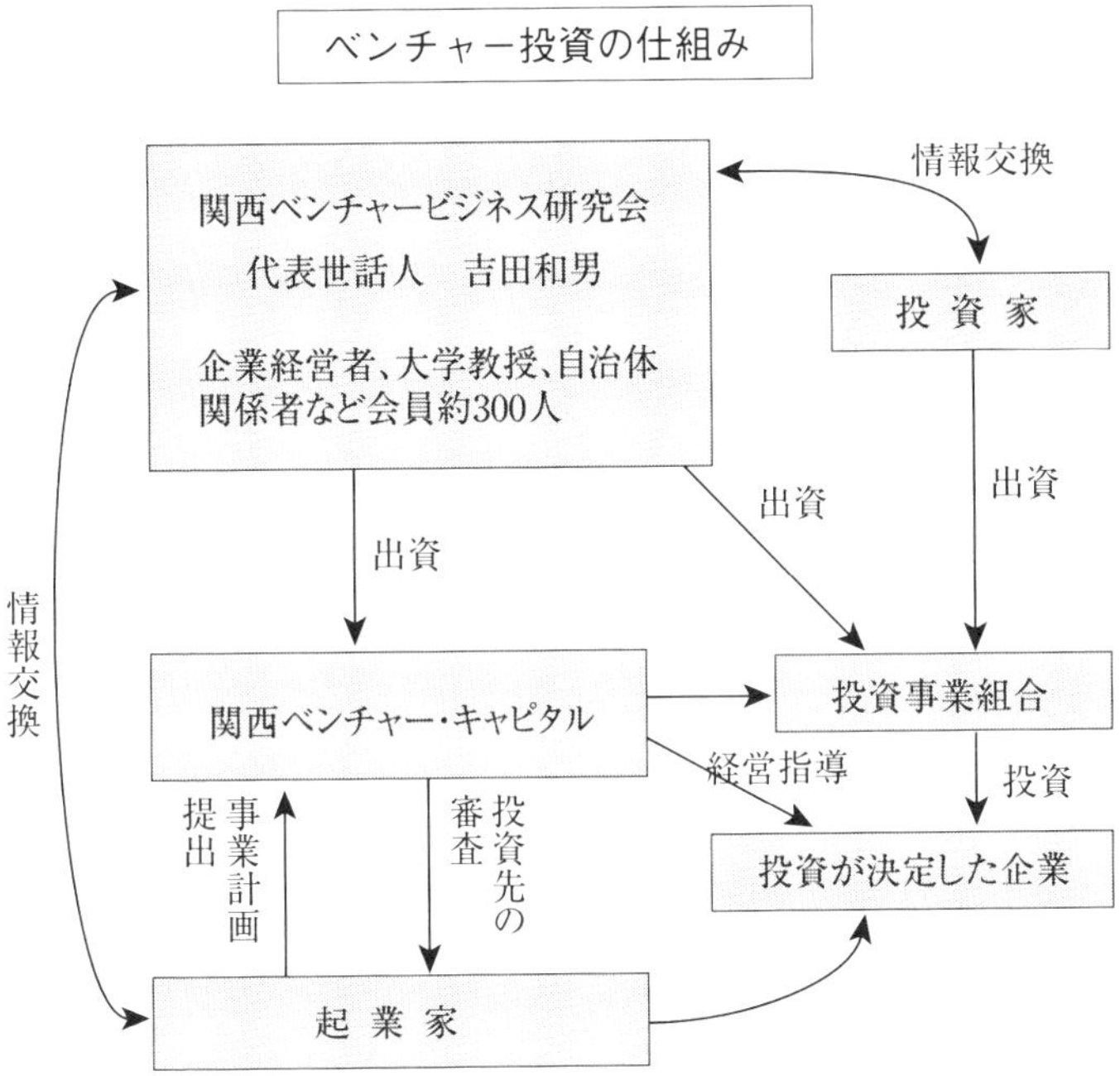

務次官の棚橋祐治や大阪府、京都市の現役幹部、学界からは元京都大学学長の岡本道雄、元大阪大学学長の熊谷信昭、神戸大学教授の加護野忠男、慶応義塾大学教授の島田晴雄らがメンバーとして名を連ねた。会員の数は現在約三〇〇人に達する。関西ベンチャービジネス研究会の目的は、会員間で相互に情報提供をするとともに、起業を目指す人と投資家、研究者を結びつけるための出会いの場をつくることである。

ベンチャーに投資

続いて同年七月には、関西ベンチャービジネス研究会の会員の出資で、投資会社の「関西ベンチャー・

キャピタル」を設立した。資本金は四、〇〇〇万円。本社を京都市内に置くとともに大阪市内にも大阪本部を設置した。この投資会社は初期段階のベンチャービジネスへの投資が目的だ。吉田は国立大学教官の兼業規定に触れるため、会社の役員にはならず社外からアドバイスすることにした。社長にはいすゞ自動車の販売会社の元社員、森脇弘之（二〇〇一年七月から特別顧問）、副社長には吉田の大学時代の友人で元住友商事社員の村上建夫（二〇〇一年七月から社長）がそれぞれ就任した。

関西ベンチャー・キャピタルはさっそく、これから起業しようとする人やスタートアップ段階にあるベンチャー企業経営者で資金を必要とする人を募集し始めた。二〇〇一年春までに約一六十件の応募があり、その分野は情報通信、バイオテクノロジー、環境、金融、観光・映像、福祉・医療にわたった。関西ベンチャー・キャピタルは応募者から事業計画書を提出させ、投資に値するかどうかの審査をした。関西ベンチャー・キャピタルの役員、顧問で構成する投資委員会が候補企業を絞り、関西ベンチャービジネス研究会に提案するという形で投資する企業の選考が行われ、二〇〇一年三月、アワーズテックが第一号の投資先として選ばれたのである。

アワーズテックはX線分析機器の専業メーカーで、産官学連携によって実用化研究を進め、蛍光X線分析装置の小型化、高感度化、低廉化を可能にする技術開発を行い、特許を出願していた。同社の蛍光X線分析装置は持ち運びが可能で、土壌中の重金属分析や古代エジプトの壁画の分析に威力を発揮している。同社では東京大学の工学博士号を取得した社長の宇高忠が中心になって技術開発を進めており、大阪大学、福岡大学、早稲田大学、東京理科大学、大阪電気通信大学など数多くの大学の教授と連携した開発体制をとっている。

アワーズテックに対する出資の募集を行ったところ、京都中央信用金庫、ＴＯＷＡ、ワタベウェディングなどから応募があった。関西ベンチャー・キャピタルは投資事業組合を設立してアワーズテックへの投資を行うとともに、同社へ役員を派遣、経営の指導に当たっている。

「資本主義経済の本来の姿はベンチャーだ。日本企業の大半は、いまのままでは中国に負けてしまう。日本経済を活性化するには、ベンチャー企業を育てるしかない」と吉田は言う。アワーズテックが成長するとともに、今後さらに投資先が増え、関西ベンチャー・キャピタルの経営が軌道に乗り、日本でも初期段階のベンチャービジネスを支援する仕組みができ上がることを、吉田は期待している。

陽明学の研究家

吉田は一九四八年、大阪府生まれで、父親は放射線分析装置を開発する大阪電波というベンチャー企業の経営者だった。放射線分析装置を開発・製造し、主に大学に販売する一方、カーオーディオの販売も手掛けており、ピーク時は一〇〇人くらい従業員がいたという。吉田が後継者と目されていたが、大阪府立豊中高校から京都大学経済学部に進み、大蔵省に入る。大蔵省では最初、証券局総務課に配属されるが、その後、経済企画庁に行ったり、財政金融研究室の主任研究官を務めるなど調査研究畑が長く、一九八五年、大阪大学に助教授として出向したのを機に、学者の道を歩むことになる。

大阪大学へは二年間の予定で出向したが、二年後の一九八七年に京都大学に移り、助教授を経て八八年、教授に就任した。大蔵省主計局勤務の時に京大の工学博士号を取得するなど、吉田の専門領域は広く、数理経済、財政、税制、金融、安全保障、ベンチャー企業と多岐にわたる。単独で執筆した本は四五冊もあるという。これまで経済審議会、税制調査会、財政制度審議会、地方分権改革推進会議など政府の審議会にもメンバーとして数多く関わった。一九九二年には政治・経済の提言集団「21世紀日本フォーラム」も設立、毎年夏には合宿形式のフォーラムを開催、憲法問題や危機管理、経済政策など天下国家の問題を徹底討論している。

多彩な吉田の活動でも極めつきは陽明学の研究だろう。吉田は一九九六年に中国・明時代の儒学者、王陽明の思想を教える私塾「桜下塾」を開講した。恩師が住んでいた京都市左京区松ヶ崎の一軒家を購入、ここの大広間を教室にして学生や社会人を集め、王陽明の「伝習録」などの古典をテキストに講義をしている。

吉田は戦後の日本が日本人の心を失い、精神的バックボーンをなくしたと感じている。陽明学に関心を持つのは、それが日本人の精神を形成する大きな柱だったと考えるからである。桜下塾では、陽明学を通じ、塾生が自分の生き方や社会の問題を体系的に考えることを目的にしている。吉田は「21世紀フォーラム」でも哲学、政治思想、憲法論などを専門的に研究している学者を集め、「21世紀の日本人の精神のあり方に関する研究会」をつくり、勉強を始めている。

陽明学は実践を重んじる「知行合一」を説く。父親から受け継いだ起業家の血とともに、陽明学の教えが、経済学者・吉田和男をベンチャー振興へと駆り立てていることは間違いない。

京都知事候補に浮上

二〇〇一年十二月三日、比叡山にあるホテルに京都の財界人や学者約六十人が集まって勉強会が開かれた。夜、酒を飲みながらの雑談の席で、吉田は京都商工会議所会頭の村田純一（村田機械社長）に、思いもよらぬことを言われた。「吉田先生、知事選に出てもらえませんか」――。

知事の荒巻禎一の引退表明を受け、京都の財界人は、二〇〇二年四月に迫った京都府知事選の候補者を探していた。財界が求める候補者の条件は、京都の経済を立て直すことができる人というものだった。村田や京都商工会議所副会頭の堀場雅夫らは様々な勉強会を通じて吉田を知っており、規制緩和や行財政改革を唱える吉田なら知事を任せられると思ったのである。

十二月十六日、京都市内のホテルに村田と堀場、それに商工会議所前会頭の稲盛和夫が集まり、吉田に立候補を要請した。国の地方分権改革推進会議のメンバーも務める吉田は、今後三年間で日本の地方分権が大幅に進むと見ていた。これからの知事は思い切った仕事ができる。面白いなと思った。また京都を情報技術（ＩＴ）産業やベンチャーの拠点にしようと提案し、自ら草創期のベンチャー支援に乗り出したばかりだった。陽明学を研究する人間として、これまで提案してきたことを自ら実践してみたいという感情がわいてくるのは自然なことだった。吉田は府議会の与党四会派が一致して推してくれることを条件に出馬の意向を示した。

村田は十二月十八日、府知事選の候補者として吉田を推すことを自民、民主、公明、社民の四党に伝え、非公式に支援を要請した。この時、自民党京都府連は「経済界のご意見として伺った。時期を見て検討する」と返事をしている。村田は堀場、稲盛とともに吉田を推薦する地元財界の有志グループを結成、これに哲学者の梅原猛、臨床心理学者の河合隼雄も加わった。京都財界が吉田を推すとのニュースは全国に流れ、この日から吉田は新聞記者の夜討ち朝駆けを受けることになる。

自民の反発で断念

「今の日本で一番求められている創業者支援に、実践面でも熱心に取り組んできた人物」——。財界の動きを受けて、民主党府連はいち早く吉田を推薦する方向を示した。だが、自民党は一貫して慎重な姿勢を見せた。自民党に事前の相談がなかったことや、京都市と郡部の地域の考え方の違いなどが背景にあったとされ、京都政界に強い影響力を持つ自民党元幹事長の野中広務は、財界に強い不快感を示したという。結局、年内に与党四会派の候補者選びはまとまらず、年を越した。

年明け後も、民主党は吉田で四党がまとまるのが望ましいとの立場を示したが、自民党は首を縦に振らず、民主党と自民党の溝は深まった。その間、共産党は弁護士の森川明の擁立を決め、与党側も態度決定を迫られた。一月十六日、自民党、公明党などは副知事の山田啓二を推薦することを決めた。民主党府連はなおも吉田の擁立にこだわったが、与党の幅広い支持を条件に出馬する方針だった吉田は立候補を断念する。

「有志のみなさんから推薦をいただいたが、広範な支持の広がりが見られないので期待には応えられないことになった」――。一月二一日、桜下塾で記者会見した吉田は出馬断念を表明した。同じ日、京都商工会議所で会見した稲盛、堀場、村田の三人は、「府議会与党の人たちだけで候補者を選ぶのはおかしい」「自分たちの都合で知事を選ぶのはどうか」――と口々に自民党を批判した。こうして財界人主導で進められた吉田の擁立劇は失敗に終わったのである。

吉田は財界による出馬要請から断念までの約一カ月を「しんどかった」と振り返る。大学内や友人たちの反応も、「大学の仕事をしっかりやるべきだ」「抜けられたら困る」「地方政治ではなく、国政でやってほしい」「学者知事の誕生で議論を現実のものにしてもらいたい」と様々だった。

知事選出馬は、吉田自身にとって大きなベンチャーだったに違いない。十分な支持が得られず、地方政治を担うチャンスを逸した吉田だが、今後も日本経済の活性化へ実践を続ける意思は変わらない。そう遠くない将来、経済政策の実践の場に吉田が登場する機会が訪れるかもしれない。

イノベーションの芽探る

吉川智教

YOSHIKAWA TOMOMICHI

突然の社長就任要請

「会社を北海道に移そうと思うんだけれど……」――一九九九年秋、横浜市立大学商学部教授の吉川智教は、横浜市のベンチャー企業、チャフローズコーポレーション社長の笹谷広治から本社移転の相談を受けた。

チャフローズはホタテの貝殻を素材にした内装材の開発・販売を手掛けている。主に青森県産のホタテ貝殻を使っていたが、当時、北海道で貝殻の不法投棄が問題になっていた。貝殻の処理に頭を悩ませていた北海道庁は、チャフローズがホタテ貝殻を有効利用していることを知り、貝殻を活用してもらえないかと笹谷に依頼した。北海道に行けば豊富な貝殻を入手できると知った笹谷は、いっそのこと北海道へ本社ごと移転しようかと思い立ち、吉川に相談したのである。

研究開発型ベンチャービジネスの研究に取り組んでいた吉川は、中小企業が集まる会合を通じて笹谷と知り合い、経営について、時々相談を受けていた。笹谷の話に吉川は、「せっかく横浜にベースができたのだから、本社は移さず、北海道には別会社を作ったらいい」とアドバイスした。横浜に本拠を置くチャフローズは、これまで横浜市から中小企業向けの研究開発助成金などの交付を受けており、チャフローズにとって北海道への移転は得策ではない、と吉川は思ったのである。笹谷は吉川に、「それなら北海道の会社を手伝ってくれないか。できれば社長になってほしい」と切り出した。突然の話に吉川がびっくりしたのは言うまでもない。

ベンチャーの内実に関心

ベンチャー企業の経営に強い関心を持つ吉川は、一九九五年ころから神奈川県のほか、大分、新潟、大阪などの各府県で研究開発型ベンチャー企業への聞き取り調査を始めていた。だが、ベンチャー企業の調査は大企業に比べ難しく、はがゆい思いをしていた。以前、日本の代表的な生産方式であるトヨタ式生産システムの現場聞き取り調査をしたことがあるが、工場での聞き取り調査では、社長や工場長がいくら体裁の良いことを言っても、現場での機械の配置、品質管理の方法、在庫量、作業員の様子などを観察すれば、その工場の運営のレベルや問題点の把握は可能だ。しかし、工場など生産現場を持たない研究開発型ベンチャーの場合、経営者への聞き取りはできても、工場のように現場を直接見て確認することはできない。吉川は前から、聞き取り調査だけでは把握できないベンチャー企業の内実を知りたいと思っていたのである。

笹谷の申し出に、吉川は大いに興味をそそられた。だが、大学を辞めるわけにはいかない。考えた末、無報酬の社外取締役なら引き受けると返事をした。こうして二〇〇〇年十月、札幌に資本金一、一六〇万円でチャフローズ北海道が設立され、社長には苫小牧東部開発に勤めていた佐藤健が就任、吉川は二〇〇一年二月、社外取締役として同社に迎えられた。チャフローズ北海道の取締役会は三カ月に一回の割合でチャフローズコーポレーションの本社のある横浜で開かれる。吉川はこの場を通じ、チャフローズの経営に様々なアドバイスをしてきた。

市場の拡大を優先

チャフローズコーポレーションは笹谷が一九九四年に設立した会社で、当初は雑草や廃棄物を原料にしたセルローススポンジの製造・販売が中心だった。笹谷はもともと警察官。三六歳で十五年間勤めた警察を辞め、米国に渡った。米国で横断歩道や標識など交通安全施設の勉強をし、施設設置工事の会社を起こしたり、和食のレストランを経営したりするが、米国でセルロース製のスポンジが使われているのを見て、一九八一年ごろからセルローススポンジの日本への輸入販売を始める。だが木材が原料だったので、森林破壊問題にぶつかり、木材以外のものでスポンジをつくろうと方向転換する。非木材のパルプ製造を研究する三重大学の木村光雄教授の協力を得て技術開発に取り組み、開発のメドが立ったので一九九四年に米国企業と組んで米オハイオ州に

笹谷チャフローズ社長にアドバイスする吉川横浜市立大学教授（右）

工場を建設、製造に着手し、日米で販売を開始した。九六年からは青森県にも製造プラントを建設し、生産を始めている。

ホタテの貝殻を原料とする内装材の製造・販売を手掛けたのは、ホタテ貝殻がシックスハウス症候群の原因物質除去に効果があることに目をつけたからで、八戸工業大学とホタテ貝殻の機能を分析する研究を行い、開発・商品化にこぎつけた。チャフローズはホタテ貝がたい積する陸奥湾に近い青森県今別町に工場を建設、量産体制を整え、二〇〇一年春から本格販売に乗り出したのである。

研究開発型ベンチャー企業にとっての大きな課題は、技術開発力もさることながら、商品化した製品の市場をどう開拓し、どう会社を運営していくかなど経営のノウハウを磨くことである。この点でベンチャー企業の調査研究を長年続けてきた吉川には大きな期待がかかっている。

吉川は、「ベンチャーの製品開発に必要なのは、新技術開発と市場開拓の両方に長けた経営だ。しかも製品開発は一回限りではだめで、連続して開発に成功しないと生き残れない」と指摘する。チャフローズ北海道の社外取締役になってチャフローズの経営に深く関与するようになった吉川は、このことを一貫して主張してきた。

産業廃棄物になっているホタテ貝殻を使った内装材はリサイクルに役立つ上、有機物質の除去や抗菌効果のあることが分かってきている。他の企業もその市場性に目をつけないはずはない。当然、類似品が出てきた。チャフローズではさっそく、その対策が問題になった。社内では類似品をつぶすための方策について様々な意見が出されたが、吉川の考えは違っていた。類似品が出てきたことは、市場が形成され始めたことを意味する。まず市場の拡大が先決であり、特段の手を打つ必要はない、というのが吉川の主張だった。

チャフローズはセルロース스ポンジに加え、ホタテ貝殻の内装材が加わり、売り上げが伸びている。二〇〇三年をメドに店頭市場上場を目指しており、笹谷は「商品の市場開発、人事管理、株式上場の準備などで力を借りたい」と吉川に期待をかける。吉川は笹谷に請われ、チャフローズ北海道だけでなく、チャフローズコーポレーションの社外取締役にも就任した。

ベンチャー研究に賭ける

吉川は一九四七年、東京都文京区の印刷屋の家に生まれた。主に映画の台本の印刷を手掛けていたという。家業を継ごうと思っていた時期もあったが、早稲田大学理工学部の数学科に進学、その後一橋大学大学院商学研究科で学んだ。統計論、確率論に興味があり、大学院では管理工学が専門だったが、一橋大学教授の伊藤邦雄と同様、実家が商売をしていたので感覚的にビジネスが分かるという。

一九七六年、横浜市立大学商学部の専任講師になり、七七年に助教授に昇進。七八年にはワシントンにある世界銀行の経済開発研究所に行き、十カ月間、リサーチアソシエイトを務めた。七九年から八一年まで米スタンフォード大学ビジネススクールの客員研究員となり、シリコンバレーを知る。八八年から九〇年の間はブリティッシュ・コロンビア大学客員教授を務め、帰国後、九〇年に横浜市立大学教授に就任した。専門はベンチャー企業論、生産管理論、マネジメント・サイエンスである。

吉川が自分の専門分野の中で特に関心を持っているのがベンチャーだ。スタンフォード大学留学時代にシリコンバレーで研究開発型ベンチャーの経営やベンチャーを支える仕組み、ベンチャーと投資家の出会いの場などを見たのが、ベンチャーに関心を持つ原点になったという。吉川は研究開発型ベンチャーの日米比較研究をしているが、シリコンバレーでベンチャーという新しい企業制度に触れ、その企業を成立させているエンジェル（個人投資家）、ベンチャーキャピタル、コンサルティング会社などの社会的基盤やそこで利用されているノウハウに驚いた。当時の日本では全く考えられないようなシステムだったからだ。

いまでこそベンチャーを研究する学者は珍しくないが、最初はベンチャーを研究していると言うと、大学の研究者としてふさわしくないテーマを研究しているかのような反応があったという。吉川が研究開発型ベンチャーに興味を抱くのは、ベンチャーが経済学の常識では捉えきれないからだ。ベンチャーは、既存の生産を中心にした中小企業とも、また大企業とも違う全く新しい企業制度である。吉川がベンチャー企業への聞き取り調査で得た内容は、既存の経済学や経営学の考え方では説明できないことが多く、研究者にとって非常に興味をひかれる論点や研究テーマをふんだんに提供してくれるという。

一九七〇年代から八〇年代にかけて、日本経済は大きな発展を遂げた。その最大の理由は日本人がものづくりのメカニズムを熟知し、勤勉に働いたからにほかならない。だが九〇年代に入り、日本経済は停滞し、「失われた十年」を経験した。吉川はその最大の理由が、日本が新しい製品開発が苦手で、イノベーションを起こせなかったことにあると思っている。最近盛んに新産業創出が叫ばれているが、研究開発型ベンチャーが米国に比べて遅れている日本では、何をつくったらいいか分からないという経営者が多い。また、ベンチャーが育つ社会的インフラが整っていない。米国に比べ社会的な制度面でもイノベーションが進んでいない。だが、ものづくりより研究開発に重点を置いたベンチャー企業が、少しずつだが現れてきた。遅まきながらマザーズなどのベンチャー企業向け市場も生まれ、ベンチャー育成の機運は高まっている。

吉川はオーストリアの経済学者、シュンペーターを尊敬している。シュンペーターはイノベーションという現象に最初に注目した経済学者である。彼は一九一二年に発表した「経済発展の理論」の中で、経済の自発的な発展にとって最も重要な役割を果たすのが、人口の増加や天候のような外的要因ではなく、イノベーションのような経済の内的要因であると説いている。吉川が最終的に究めたいと思うのは、「イノベーションの経済学」だという。日本ベンチャー学会でイノベーション研究部会長を務める吉川がベンチャーをライフワークにするのは、そこに絶えざるイノベーションの芽があると思うからだ。

第8章

経済学者が求められる時代

経済学者登場の背景

行き詰まる官僚支配

政策決定の現場に今日ほど経済学者の進出が強まっている時代はなかったと言っても過言ではない。なぜいま、経済学者が求められるのか。それは時代の必然とも言える。一つの理由は官僚機構の行き詰まりである。確かに官僚機構は戦後の日本の経済成長を支えてきた。戦後の荒廃から復興し、先進国になるまでの高度成長の過程では、官僚が業界を指導し、護送船団で一丸になって目的に進む方式がうまく機能した。後進国だった日本は欧米から技術を導入し、それをもとに製品を安く大量に生産するシステムを作り出すことが重要だった。だが、先進国になり、市場が成熟した経済では画一的な生産方式ではだめで、消費者のニーズにあった商品・サービスの開発や、独創的な技術開発が求められる。官僚による業界指導はもはや不要で、むしろ思い切った規制緩和により、民間の自主性と活力を引き出し、競争による切磋琢磨によって産業を活性化させなくてはいけない。

一方で高度成長の終焉とその後の経済バブルの崩壊による日本経済の長期低迷の中で、国家財政の悪化が進み、これまでのようなバラマキ政策の続行は不可能になった。それにもかかわらず、日本の歳出構造は高度成長時代を引きずり予算が膨れ上がったままで、財政悪化に歯止めがかからなくなっていた。公共事業などの見直しが不可避なのは誰の目にも明らかだったが、既得権益を手放したがらない官僚、族議員のもたれ合いの構図が改革の大きな足かせになっていた。

こうした中、財務省、厚生労働省、農林水産省、外務省などの不祥事が続き、官僚機構への国民の不信感は急速に高まった。官僚も冷戦終結後の急激な世界情勢の変化や日本経済の長期低迷、相次ぐ不祥事に自信を失いかけていた。官僚が絶対的な権限と自信を持っていた時代には学者の登用など考えられなかったが、時代の要請が学者に門戸を開いたのである。官僚の側には、不祥事の続発に対する国民の不信を払拭するため、「開かれた行政」のイメージを演出する必要に迫られ、学者をはじめとした民間人の登用に踏み切らざるを得なかったという面もあるだろう。

進む経済グローバル化

もう一つ経済学者の政策現場への進出の理由として指摘されるのは、経済のグローバル化の進展である。グローバル化に伴い、経済に関する国際会議は数が増えたばかりでなく、その重要性が増している。国際会議での日本の対応次第では日本に不利な国際世論の流れができたり、日本の政策に注文がついて、その運営に足かせがはめられることも十分ありうる。日本が自国の経済情勢や政策方針について明確に説明し、はっきりとその考えを主張し、各国を説得することが重要になっている。国際会議での対応が日本の国益に大きく影響するのである。

こうした国際会議には各国とも経済学博士号を持つような専門家を送り出している。海外の政策担当者と互角に渡り合うためには、経済の専門知識を持つ人材が日本にも必要なことは言うまでもない。

経済のグローバル化の進展で国際通貨基金（IMF）、世界銀行、経済協力開発機構（OECD）などの国際機関の役割も重要になってきている。欧米はこうした機関へ有能な人材を派遣しており、日本も国際機関へ派遣する職員を重視する必要に迫られている。この面でも経済の専門家が求められている。国際的な舞台で海外の専門家と共通の知識基盤に立って対等に議論のできる経済学の素養を持つ人材が必要なのだ。

先行する欧米

日本では政権内部や官僚機構にようやく経済学者が進出し始めたばかりだが、欧米や一部のアジアの国々では、こうした状況は以前から珍しくない。米国ではハーバード大学教授のローレンス・サマーズが世界銀行副総裁に就任した後、財務次官・副長官を経て財務長官を務めるなど、経済学者が政権の要職を占めるのは一般的。ブッシュ政権発足とともに経済担当大統領補佐官に就いたローレンス・リンゼーは、もともとハーバード大学准教授だった。リンゼーには米連邦準備理事会（ＦＲＢ）理事を務めた経験もある。逆にＦＲＢ副議長を務めたアラン・ブラインダーはその後、プリンストン大学の教授に就任している。

米国ではノーベル経済学賞を受賞するようなアカデミックな学者が政権に関わることも珍しくなく、二〇〇一年に同賞をとったコロンビア大学教授のジョセフ・スティグリッツは、クリントン政権下で、米国の経済政策について大統領に助言し、経済に関する大統領年次報告を提出する大統領経済諮問委員会（ＣＥＡ）の委員長に就任したほか、世界銀行のチーフエコノミストも務めている。アジアや日本の経済についての鋭い分析で日本でも有名なプリンストン大学教授のポール・クルーグマンも、ＣＥＡやＩＭＦ、世銀のエコノミストを歴任している。

米国では学界、政界、官界、経済界の垣根を超えて経済学者が縦横無尽の活躍をしており、日本のように学者がアカデミズムの世界に閉じこもるということはない。日本ではつい最近まで、政権に関わる仕事をすると「御用学者」と批判され、テレビや新聞などへの露出度が高いと「マスコミ学者」と軽蔑されることも少なくなかったが、米国では経済学を現場での実践に役立てようというマインドが高い。

こうした傾向は米国だけではない。欧州でも経済学者が政策決定の場に参画するケースがしばしば見られる。例えばイタリアでは、政界汚職事件を受けて一九九三年に発足、財政・政治改革を進めたチャンピ政権に、エコノミストや学者が数多く入閣した。アジアでも経済学者が入閣するケースは少なくない。韓国の前外交通商相の韓昇洙は、ソウル国立大学教授から国会議員に当選、副首相を務めた経験もある。副首相時代の一九九六年には、韓国の経済協力開発機構（ＯＥ

CD）加盟に向け指揮をとった。

財務省は一九九九年から伊藤隆敏、河合正弘と二代続けて副財務官に大学の経済学者を登用した。主計局でも主税局でもなく、国際金融を担当する副財務官への起用という点を見ても、経済学者の政策現場進出が経済のグローバル化と関係があることが分かるだろう。伊藤や河合の主な仕事はＩＭＦやＡＰＥＣ、ＡＳＥＭなどの国際会議に参加することだった。経済財政担当相の竹中平蔵も、米政府へ日本の経済政策を説明に行ったり、様々な国際会議に参加している。

経済学者が企業の社外取締役や経営諮問委員として経営に関わるのも、グローバル化の影響である。米国流の株主重視の経営が日本にも導入され、企業はコーポレートガバナンス（企業統治）強化の必要性に迫られているからだ。中谷巌が社外取締役を務めるソニーは日本を代表するグローバル企業だが、今後多くの大企業がソニーに追随し、経済の専門家である学者を社外取締役として迎えるケースは増えていくと思われる。

戦後の混乱期の経済学者たち

日本の戦後史を見渡すと、今日を除いて経済学者が政策立案に深く関わった時期は、終戦直後の混乱期である。戦後の経済復興政策の立案では、有沢広巳、中山伊知郎、東畑精一、都留重人ら経済学者の果たした役割が大きかった。東京大学教授だった有沢は元首相の吉田茂に政策立案の手腕を評価され、経済委員会委員、石炭委員会委員長などを歴任、鉄鋼、石炭への傾斜生産方式を唱え、当時のエネルギー政策の基盤を作った。

一橋大学長を務めた中山伊知郎は、中央労働委員会の会長として戦後の労使関係の安定化に尽力。元首相の池田勇人が打ち出した「所得倍増論」に影響を与える論文を書いたことでも知られている。東大農学部の教授だった東畑精一は農林省農業総合研究所長、米価審議会会長などを歴任、戦後の農業政策の基礎を築いた。

元一橋大学長の都留重人は当時、米ハーバード大学留学帰りの少壮の経済学者で、経済企画庁の前身である経済安定本部で初の経済白書（経済実相報告書）を執筆している。「国家も企業も国民の家計もすべて赤字」と、まさに火の車だった日本の経済事情を平易な言葉で語った。

終戦直後の混乱期に経済学者が活躍した後、経済政策を主に担ったのは官僚だった。官庁エコノミストの存在はあったが、アカデミズムの経済学者が政権に深く関わることはなく、せいぜい政府の審議会にメンバーとして入る程度だった。この間の事情について、政府税調会長を務めるなど政策志向が強かった加藤寛は、「長い間マルクス経済学が主流だった日本では、政権に関わるのは恥ずかしいことという風潮が学界にあり、近代経済学の学者も及び腰だった」と指摘する。「官」主導に加え、学界が消極的だったことで経済学者の政策現場進出が途絶えてしまったのである。

転換期こそ学者の知恵

高度成長を経て二度の石油危機や円高不況を乗り越えてきた日本経済は、終戦直後を除けば、戦後最大の試練に直面している。様々な危機を克服してきた日本も、今回ばかりは「失われた十年」と呼ばれる長期の経済不振に見舞われており、脱出の糸口すらなかなか見つからない状況である。大きな構造転換の時期だけに、再び経済学者の知恵が求められていると言ってよいだろう。

官庁エコノミスト出身で東京工業大学教授も務めた日本経済研究センター会長の香西泰は、戦後の混乱期と比べても現在の学者の進出ぶりは特筆すべき状況と言う。「当時は大学を辞めて政権に入るという人はいなかった。この点が当時とは決定的に違う。しかも調査研究ではなく、政策決定の現場に進出している。経済学者が政策決定プロセスの中で主要な役割を果たすのは初めて」と指摘する。

経済諮問会議議員の本間正明や吉川洋はそれぞれ大阪大学、東京大学の教授を兼任しているが、竹中や河合、内閣府政策統括官の岩田一政、同官房審議官の大村敬一、同参事官の塩沢修平、日銀政策委員会審議委員の植田和男、須田美矢子は専任である。本間、吉川も諮問会議が開催される日以外も内閣府に来ることが多く、大学より諮問会議の比重の方が大きくなっているのが現状である。

冷戦終結を契機としたグローバル化の進展、日本経済がキャッチアップの時期を終えて新段階に入っていることなど、日本、世界が歴史的な構造転換の時期を迎えていることを考えると、経済学者の進出は一時的な現象で終わるとは思えない。もちろん、現在、政策現場に進出している学者たちがどんな実績を残すかにもよるが、経済の専門家を求めるニーズが高いことは確かだろう。

日本の高級官僚は、技術系を除くと、おおむね東大を中心とした国立大学の法学部出身者で占められてきた。財務省、経済産業省といった経済官庁も、経済学部出身より法学部出身が幅を利かせている。この国の経済政策は、法律の専門家によって運営されてきたのである。見方を変えれば、経済学者の進出は、日本の経済政策を法律の専門家が担うのか、経済の専門家が担うのかの新たな闘争の始まりと見ることもできる。

いずれにしても、構造転換という難しい時期を迎え、経済の専門家の力量と経済学の真価が問われていることだけは間違いない。

新しい経済学者像

「失われた十年」分析

二〇〇一年十月、ノーベル化学賞に名古屋大学教授の野依良治の受賞が決まり、日本中が沸いた。同じ日にノーベル経済学賞の発表があったが、残念ながら日本人の名前はなかった。ノーベル賞で日本人が受賞していないのは、経済学賞だけである。だが、日本に国際的な評価の高い学者がいないわけではない。

アカデミックな経済学の領域で活躍するトップランナーの一人が、東京大学経済学部教授の林文夫だ。専門はマクロ経済の実証分析。特に消費者の貯蓄行動分析に長年取り組んできた。林は米国でノーベル経済学賞の登竜門とされるジョン・ベーツ・クラーク賞の日本版として設立された日本経済学会中原賞の、第一回受賞者である。学術分野で優れた業績を上げた人に贈る恩賜賞・日本学士院賞の二〇〇一年度受賞者にも輝いた。

自分が書いた論文が国際的な学術誌に何回引用されるかは、学者の評価を決める大きな指標だ。

林は一九八〇年以降、引用回数が一、〇〇〇回を超え、日本人経済学者ではトップクラスの水準である。これまでノーベル経済学賞の日本人の有力候補として東大名誉教授の宇沢弘文、青山学院大学教授の根岸隆、経済産業研究所長でスタンフォード大学教授の青木昌彦、ロンドン大学名誉教授の森嶋通夫ら六十代、七十代の大御所の名前がささやかれてきたが、受賞には届かなかった。林は一九五二年生まれで、若手のホープ。「宇沢さんがだめだったら、次世代で最も有力なのは林君」と、ある同僚の東大教授はささやく。

林は文部科学省の科学研究費の補助を受け、今後の日本の経済制度を探る研究プロジェクトの代表者を務める。これまで基礎研究一本でやってきたが、いま政策提言に力を入れる。日本経済がなぜ長期低迷に陥ったのか、その原因分析に強い関心を向ける。プロジェクトでは、戦後の日本経済を高度成長に導いた企業の長期雇用・系列関係、行政主導などの制度がなぜ行き詰まったのかを実証的に分析し、二一世紀の日本を再び繁栄に導くような制度を設計することを目的にしている。二〇〇一年十二月には米ミネソタ大学のエドワード・プレスコット教授と共同で、米国の学術誌に「日本の一九九〇年代――失われた十年」と題する論文を発表した。

大学の閉そく感破る

二〇〇一年九月末、大阪府豊中市の千里ライフサイエンスビルに気鋭の学者約三十人が集まり、研究会が開かれた。林が中心になって運営する「マクロ経済コンファレンス」である。この会は主に四十代以下の若手研究者を対象に論文を公募、その中から五つを選び、発表させる。会場では論文をめぐり参加者の激しい討論が繰り広げられた。

林は東大卒業後、ハーバード大学に留学したが、米国では少人数の学会がよく開かれていた。「そこでの議論には大いに触発され、研究の励みになった」と振り返る。米国留学時代の経験をもとに作ったのが、この研究会だ。

若手の経済学者に国際経験を積ませようと、全米経済研究所（ＮＢＥＲ）など海外有力研究所との合同研究会も開いている。ＮＢＥＲの夏季研究会には日本の若手研究者を派遣する。こうした活動の結果、日本の研究者が米国で知られるようになったほか、日米の交流が活発になり、共同研究なども始まっているという。

「日本の大学は年功序列で競争が乏しく、刺激がない」と林は言う。日本では研究成果を上げても昇進や給与などの待遇には大きな差がなく、一生懸命に研究しようというインセンティブがない。米国では教授になるには一流学術誌に五、六本論文を書くなど成果を上げることが求められるが、日本の大学にはそうした厳しいハードルはなく、ぬるま湯的な体質だ。林が若手の育成に力を入れ、国際経験を積ませるのは、日本の大学に漂う閉そく感を少しでも打ち破ろうとの思いがあるからだ。

林は、「経済学者の政策提言は、論理的な整合性があり、実証研究に裏付けられたものでなくてはならない」と言う。日本経済が大きな構造転換の時期を迎える中、アカデミズムに閉じこもりがちだった日本の学者にも変化が起こりつつある。日本でもいずれノーベル経済学賞をとるようなアカデミックな学者が政権に参加し、経済政策の立案に取り組むような日が訪れるかもしれない。

台頭する政策新人類

「日本は何をもたもたしているのかね」

二〇〇一年夏から一年間、米カリフォルニア大学サンディエゴ校に留学していた慶応大学助教授の土居丈朗は、日本を研究する米国人の学者からよくこんな質問を受けた。土居には、日本の改革の遅れがもどかしくて仕方がない。

経済学者は四十代まで理論を研究し、制度や政策を論じるのはその後というのが一般的だ。しかし、最近は早くから政策提言に興味を持つ学者が出てきた。その代表格が土居だ。土居の専門は財政学。

土居はきっぱりと言う。「これまでの財政学は専門家だけに分かる議論に終始し、一般の人には極めて分かりにくい学問だった。僕は学術的理論の裏付けを持ちながらも専門家以外の人にも分かる議論をしていきたい。理論や学術的なことだけが経済学だとは思わない。僕が目指すのは政策現場で役に立つ経済学だ」

土居は一九七〇年生まれ。経済学に興味を持ったのは高校三年生の時。消費税導入が国民的議論になっていた。周りが増税反対と騒ぐ中、本当にそれだけでいいのかと税について真剣に考えた。当時よく消費税問題をテレビで解説していた本間正明のいる大阪大学に入り、財政学者の井堀利宏（現東大教授）のゼミで学んだ。大阪大学経済学部を卒業、大学院は東大に進んだ。

ここ数年、内閣府、財務省、国土交通省など官庁や日本商工会議所、全国銀行協会などの研究員や委員を務めた。政策現場にいる人の考えを吸収したかったからだ。

土居は政治現象を経済学的に分析する政治経済学に強い関心を寄せ、その視点から国や地方の財政を論じる。博士論文は「地方財政の政治経済学」。米国での研究テーマも日本の財政投融資と特殊法人改革だった。留学中も時々帰国し、特殊法人改革について講演したり、日本の財政政策についての学会に参加し、日本の財政問題の深刻さを訴え、改革の必要性を主張した。

「アカデミズムに閉じこもる気はない。しばらくは研究に打ち込みたいが、将来は政策の現場で働いてみたい」と抱負を語る。増える経済学者の政策現場への進出。土居のような「政策新人類」は、その予備軍だ。土居は二〇〇二年八月に米国から日本に戻ると、財務省の財務総合政策研究所へ主任研究官として出向した。さっそく自分が目指す方向へ一歩を踏み出すことになったのである。

問われる政策構想力

首相の指導力に陰り

経済財政担当相の竹中が議事進行役を務める経済財政諮問会議が、首相主導の政策運営の実現に向け大きな一歩をしるしたことは間違いない。諮問会議は無駄な公共支出の削減、規制緩和の推進、特殊法人改革、予算編成手法の改革、医療制度改革、税制改革などについて基本方針を示し、政府の改革論議をリードしてきた。これは経済学者が加わる政策立案の枠組みとしては、従来の政府の審議会とは根本的に異なる役割を果たしていると言えるだろう。諮問会議には当初、官僚と自民党の族議員が中心になって進めてきたこの国の政策決定の仕組みを変革するのではないかとの期待すら寄せられた。首相が議長を務める諮問会議という器ができ、「自民党を壊す」と宣言して首相になった小泉純一郎に対する国民の絶大な支持があったからである。

しかし、これまでのところ、それは余りにも過大な期待だったことが明らかになっている。確かに骨太の方針をとりまとめるまでは、官僚、族議員の抵抗はあったものの、大筋で諮問会議主導が貫かれた。だが、改革工程表の作成は各省庁の対応が鈍く、作業は大幅に遅れた。予算編成も最終局面で財務省主導になって諮問会議は無視された形になっている。税制改革も小泉の指示で経済活性化を前面に出した改革を提唱したものの、財務省、政府税調の巻き返しでその趣旨は薄められてしまった。

諮問会議の議員である本間正明は「諮問会議の力不足を実感している」と言うが、諮問会議のパワーが弱まった主因は、竹中や本間にあるのではない。諮問会議の役割は本来、経済財政政策を調査・審議することである。会議に参加する閣僚と違い、民間議員の学者や経済人に省庁や与党と調整する政治力が求められているわけではない。諮問会議の民間議員の主たる役割は、経済政策に関する調査や提言であろう。諮問会議が打ち出す政策を実行するのは、各省庁の大臣の仕事であり、最終的には首相のリーダーシップである。

経済財政担当相の竹中は、本間やもう一人の学者議員の吉川洋とは、少し役割は違うかもしれない。だが、経済企画庁長官を前身とする経済財政担当相の主な仕事は、諮問会議の運営と景気判断である。省庁再編により、竹中の所轄する内閣府には各省庁をまとめる総合調整機能があることになっているが、実際には十分に機能しているとは言い難い。内閣府には各省庁から官僚が送り込まれているが、彼らはそれぞれの出身官庁の利害に基づいて行動する傾向があり、諮問会議の調査審議活動にも各省庁が十分に協力していないのが現状だ。むしろ、内閣府が諮問会議のために用意するペーパーに都合の悪いことを書かれないよう、一生懸命チェックに精を出しているのが現状だ。

もちろん、経済財政担当相が各省庁をたばねる調整能力をもっと発揮すべきだとの意見もあるかもしれない。だが、過去の経緯を見ても、経済政策の運営で経済企画庁長官が大蔵省や通産省をたばねて指導力を発揮したというケースはほとんどないだろう。企画庁から変わった内閣府に何か具体的な権限が与えられているわけではなく、学者の竹中に各省庁を統率する政治力を期待するのは酷というものだろう。そもそも経済学者に期待されているのは政治力ではない。諮問会議が打ち出した改革が実行されないのは、竹中や本間、吉川らの学者グループに責任があるというより、小泉のリーダーシップに陰りが見えていることに最大の問題があると見るべきだろう。

役に立つ？経済学

では経済学者として入閣した竹中や、諮問会議に加わった本間や吉川には何が求められているのだろうか。竹中が最も尊敬するエコノミストの一人と名指しする香西泰は、「経済学の世界でも評価されるような新しい政策構想を出せるかどうかが問われている」と語る。香西は戦後の混乱期に石炭、鉄鋼への傾斜生産方式を打ち出し、日本のエネルギー政策の方向付けをした有沢広巳の例を挙げ、政策現場に出た経済学者は政策構想力で勝負すべきだと指摘する。

この点で、竹中をはじめとした学者グループは何か新しい政策構想を出したと言えるだろうか。竹中自身が認めているように、骨太の方針は経済戦略会議の提言を焼き直したものに過ぎない。これまで多くの学者やエコノミストが唱えた構造改革の具体案を集大成したのが、骨太の方針と言えるだろう。もちろん随所に竹中や本間、吉川のアイデアはちりばめられている。だが、新しい政策構想というほどのものは感じられない。

竹中が力を入れたのは政策構想の立案そのものではなく、その政策を実行するためのプロセスの改革である。この試みは中途半端に終わっており、官主導の政策決定プロセスは厳然と残っていると言わざるを得ない。もう一つ竹中が力を注いだのは、様々な識者や専門家の知恵を結集することである。自らが学者として知恵を出すというより、他の学者の知恵を集めるコーディネーターとしての役割である。

現時点では残念ながら、竹中ら政策現場に出た経済学者が日本の長期低迷を打開するための斬新で独創的な政策構想を提示したというところまでは至ってないのが現状であろう。それでも、経済学者が政策現場に進出することの効果がないことはない。竹中は、平易な言葉で経済を国民に向けて語った。本間や吉川も、諮問会議の場で経済学の知識を踏まえた意見を述べ、会議の議論を活気づけた。その議論の内容が公開されたことで、国民は構造改革をめぐって何が論点になっているか、日本経済のどこが問題になっているかを知ることができた。

また、副財務官を務めた伊藤隆敏や河合正弘は、数々の国際会議に出席し、欧米、アジアの経済専門家に対し、経済学という共通の知識基盤に立って日本の立場を論理的に主張した。植田和男ら日銀政策委員会審議委員を務めた学者も、金融政策の決定をする時に、経済学の理論をもとに状況を分析し、どうすべきかを考えた。政策現場に関わった他の経済学者も同じだろう。伊藤も植田も「思っていた以上に経済学が役に立った」と語っている。

政策現場に出た経済学者について評価を下すのはまだ早いが、行政や中央銀行、企業などそれぞれの現場を刺激し、経済学の有効性をある程度示したという効果はあったと言えるのではなかろうか。経済学者はある意味で霞が関や永田町の異邦人と言えるだろう。それだけに、現場に刺激を与える一方で、彼らへの拒否反応も強かった。学者の進出で日本の経済政策が大きく変わったとか、目に見えて経済の状況が良くなったということはない。ただ、彼らの挫折を通じ、日本の権力構造がどういうものか、官僚機構や政治の問題点が改めて浮き彫りになったのも確かだろう。

大学に必要な活性化

政策現場で経験を積んだ経済学者が大学に戻り、今後の研究活動にその成果を生かすことも考えられる。何人かの学者は行政や中央銀行、企業での経験を執筆して本にしたいと語っている。現場での経験が大学での研究に現実性や深みを与えることは間違いない。これまで学界と政界、官界、経済界との人材交流は余りにも少なかった。交流により双方に刺激が生まれる。多摩大学長の中谷巌は、大学と経済界など一般社会の交流拡大に力を注いでいる。こうした動きが国立大学にも波及すれば面白い。ただ、大学は経済学者を外に送り出すだけでなく、内部の活性化を図ることも重要だろう。

多くの経済学者が自ら指摘するように、日本の大学は年功序列で競争がなく、優れた研究成果を上げるためのインセンティブが乏しい。マルクス経済学が長年幅を利かせ、近代経済学の歴史が浅いことと並んで、日本の大学システムの問題が、日本の経済学の国際水準を引き下げたと言われる。前述した通り、日本がノーベル賞で唯一受賞していないのが経済学賞である。

日本の大学の活性化を図り、日本の経済学のレベルを底上げするとともに、大学と社会の垣根を低くし、経済学者が学界と官界、経済界などを自由に行き来する時期が来ることを期待したい。その時こそ、経済学者が政策現場で思う存分能力を発揮することが可能になるだろう。

あとがき

経済学者の挑戦の記録というより、挫折の物語になったなというのが、本書を書き上げての率直な感想である。特に与えられた権限が重い人ほど、そういう傾向が強い気がする。取材を進めて感じたのは、官僚機構を筆頭に日本の既存システムが依然として根強い力を維持しているという点である。学者の政策現場進出は始まったばかりで、彼らは十分な後ろ盾もなく、いわばゲリラ戦を演じているようなものかもしれない。だが、彼らが学者というより一般人として霞が関や永田町をとらえる目線には共感できるものも多かった。学者には経済の専門家というだけでなく、民間人の代表という側面もあることを忘れてはならない。後はその専門性を生かし、日本経済再生に実績を残すことを期待するのみである。

本書を書き上げた後、二〇〇二年九月末に小泉首相は内閣改造を断行、竹中経済財政担当相は金融担当相兼務となった。不良債権処理をめぐり柳沢前金融担当相と意見の対立があった竹中氏だが、金融行政のかじ取りを任され、まさに正念場を迎えている。

本書は二〇〇一年九月に日本経済新聞夕刊に十五回にわたって連載された「経済再生——学者走る」を大幅に加筆・修正したものである。なお、文中の敬称は省略し、肩書は原則として記述した出来事が起こった時点のものを使った。
執筆に当たり、取り上げた人をはじめ経済学者、官僚、政治家、企業・金融機関関係者など多くの人々にインタビューに応じていただき、貴重な話を聞かせていただいた。出版に際し、中央大学出版部の柴崎郁子氏に大変お世話になった。心から感謝したい。

二〇〇二年九月

藤巻秀樹

◆著者プロフィール

藤巻　秀樹　（ふじまき　ひでき）

1955年生まれ。79年、東京大学文学部卒業、日本経済新聞社入社。東京本社外報部、大阪本社経済部、同社会部を経て89年—91年パリ支局員、91年—93年パリ支局長、93年—99年東京本社国際部次長、99年—2001年同経済解説部次長、2001—2002年同編集委員、2002年３月から神戸支局長。著書に「シラクのフランス」、共著に「欧州の憂鬱」、「ハイテク時代・企業変身」、「ドキュメント・危機管理」（以上日本経済新聞社刊）、「あいらぶ関西」（保育社刊）など、共訳書に「ユーロダラー入門」（日本経済新聞社刊）がある。

現場に出た経済学者たち

2002年11月 5日　初版第１刷印刷
2002年11月11日　初版第１刷発行

著者　藤巻秀樹

発行者　辰川弘敬
発行所　中央大学出版部
東京都八王子市東中野742-1　〒192-0393
TEL：0426(74)2351　FAX：0426(74)2354
振替00180-６-8154
装幀　清水デザインオフィス
印刷　電算印刷株式会社
製本　株式会社渋谷文泉閣

ISBN ４—8057—2162—６
＊定価はカバーに表示してあります。